Gudrun Wegener

Design für junge Designer*innen

Deine Kreativ-Werkstatt

Hallo,

ich bin Ruth Lahres und Lektorin beim Rheinwerk Verlag.

Weißt du, wie ein Buch entsteht? Am Anfang steht immer eine Idee. In diesem Fall hatten wir hier im Verlag die Idee zu einem Buch, das die Themen Gestaltung und Grafikdesign für Jugendliche aufbereitet: Mit vielen Beispielen, Workshops und genau auf junge Erwachsene abgestimmt. Ich habe selbst zwei Töchter (Pia wirst du gleich noch kennenlernen) und habe bemerkt, dass es zwar viele Kreativbücher für Kinder gibt, aber kaum eines für Jugendliche.

Als nächstes habe ich Frau Wegener gefragt, ob sie Lust hätte, so ein Buch zu schreiben. Frau Wegener kenne ich schon lange, sie hat schon mehrere Bücher für uns geschrieben. Und sie hat selbst eine Tochter, Lene, die auch sehr kreativ ist! Also haben wir gemeinsam überlegt, welche Themen im Buch vorkommen sollen, und ein Inhaltsverzeichnis aufgestellt. Und dann hat Frau Wegener über ein halbes Jahr am Buch gearbeitet, Texte geschrieben und viel gezeichnet, gelettert, gemalt und fotografiert.

Währenddessen haben wir uns hier im Verlag das Layout für das Buch überlegt, das hat Christine gemacht. Ich habe die Texte und Bilder von Frau Wegener so in Form gebracht, dass sie gut in unser Layout passen, und am Ende haben Christine und Janne hier im Verlag das Buch gesetzt, das heißt die Texte ins Layout gebracht. Und Mai hat das coole Cover gestaltet.

Du siehst, viele Leute haben am Buch gearbeitet, und wir alle hatten viel Spaß, dieses Buch für dich zu entwickeln. Ich hoffe sehr, dass es dir gefällt und du viel Neues entdeckst, das dich inspiriert.

Wenn du Fragen oder Anregungen hast, schreib mir einfach eine E-Mail.

Deine Ruth Lahres

Lektorat Rheinwerk Design
ruth.lahres@rheinwerk-verlag.de

www.rheinwerk-verlag.de
Rheinwerk Verlag • Rheinwerkallee 4 • 53227 Bonn

Dieses Kreativbuch gehört:

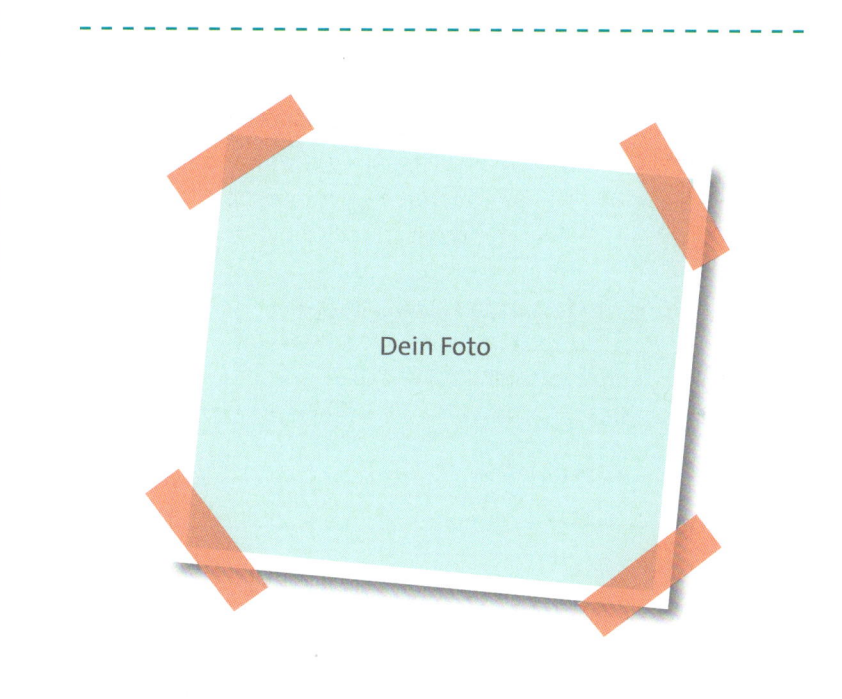

Inhalt

Herzlich willkommen 010
So funktioniert dieses Buch 011

Kapitel 1
Design ist überall

Wir lieben Design 014
Alle Menschen lieben Bilder 015
Gestalten – das kannst du auch! 016
Übung: Gestalte ein Moodboard für deine Ideensammlung ... 018
Stifte für alle Stile 020
Material und Zubehör 022
Digitale Apps und Tools 024

Kapitel 2
Deine Mal- und Zeichen-Werkstatt

Jede*r ist kreativ 030
Übung: Kleine Krakelvögel 031
Alles zeichnen mit fünf Grundformen 032
Übung: Symbole für deine Notizen 034
Schraffuren und Muster 036
Licht und Schatten 038
Übung: Zeichne eine eigene Figur 040
Farben für deine Designs 044
Farben auswählen 046
Übung: Male dein Lieblingstier in Farbe 050

ÜBUNG: Zeichne dein eigenes Logo	055
ÜBUNG: Für Profis: Zentralperspektive	058
Für Profis: Von Vögeln, Fröschen und der Normalperspektive	061

Kapitel 3

Deine Handlettering-Werkstatt

Grundlagen für dein Handlettering	064
ÜBUNG: Muster und Formen zum Aufwärmen	066
ÜBUNG: Buchstaben zeichnen	068
Buchstaben verändern durch die Strichdicke	070
ÜBUNG: Dein Name als Handlettering	071
Gib deinen Buchstaben eine schöne Form	073
ÜBUNG: Buchstabenform variieren	074
Schrift mit Verzierungen	076
ÜBUNG: Brushlettering: Schreiben wie mit einem Pinsel	078

ÜBUNG: Buchstaben mit dem Brushpen zeichnen 080
Schmuckelemente für dein Handlettering 082
ÜBUNG: Eine Einladungskarte 084

Kapitel 4
Deine Bullet-Journal-Werkstatt

Was ist ein Bullet Journal? 090
Leg dir ein eigenes Bullet Journal an 092
ÜBUNG: Deine Woche im Bullet Journal 094
ÜBUNG: Symbole für dein Bullet Journal 097
Passende Gestaltungselemente 099
ÜBUNG: Mit einem Bullet Journal durch den (Schul-)Alltag 101
ÜBUNG: Digitale Bullet Journals 104

Kapitel 5
Deine Grafikdesign-Werkstatt

Sechs Gestaltungstipps für deine Designs	110
ÜBUNG: Gestalte ein interessantes Plakat	114
Jetzt kommt Farbe in deine Designs!	118
ÜBUNG: Farben aus einem Foto aussuchen	120
Mit dem Farbklima Wirkung erzeugen	122
ÜBUNG: Kalte und warme Farben im Einsatz	124
Schriften mit Charakter für deine Texte	126
ÜBUNG: Erstelle einen Flyer am Tablet oder Computer	130
Layouten wie ein Profi: Das Raster	137
ÜBUNG: Ein Gestaltungsraster für die Schülerzeitung	138

Kapitel 6
Deine Comic-Werkstatt

Comic-Grundlagen 148
Ein Comic entsteht: deine Story 149
Der Bildausschnitt 151
Deine Zeichnungen 152
Der Text für deinen Comic 153
Farben für deinen Comic 155
Figuren für deine Comics 156
ÜBUNG: Strich für Strich zur Comicfigur 157
Deine Heldenreise: So schreibst du eine spannende Story 161
ÜBUNG: Schreibe und zeichne deinen eigenen Comic 165

Kapitel 7
Deine Modedesign-Werkstatt

Figuren im Modedesign	168
ÜBUNG: Körperproportionen leicht gemacht	169
ÜBUNG: Schnelle Modeskizzen	173
Kleidung und Stoffe	175
Gesichter zeichnen	179
ÜBUNG: Frisuren zeichnen	180
Accessoires und Schmuck	184
ÜBUNG: Schuhe zeichnen	185
ÜBUNG: Entwirf eine eigene Kollektion	187

Kapitel 8
Deine Foto- und Video-Werkstatt

Was brauchst du für ein gutes Foto?	192
So funktioniert eine professionelle Kamera	193
Fototipp 1: Erst überlegen, dann fotografieren	195
Fototipp 2: Wähle eine spannende Perspektive	197
ÜBUNG: Fototipp 3: Halte dich an die Drittelregel	200
Fototipp 4: Gutes Licht für deine Fotos	203
ÜBUNG: Eine Stunde mit deiner Kamera	205
Smartphone-Aufnahmen leicht gemacht	207
ÜBUNG: Eine Social-Media-Grafik mit deinen Fotos	210
Videos filmen	215
ÜBUNG: Dreh dein eigenes Video	219
Stichwortverzeichnis	220

Herzlich willkommen

Hallo und herzlich willkommen zu »Design für junge Designer*innen«. Auf dich warten in den nächsten Kapiteln eine ganze Reihe spannender Projekte und Ideen.

Mit deinen Designs kannst du die Welt schöner, bunter und kreativer machen. Für dich, deine Freunde und Freundinnen, deine Familie, deine Hobbys, deine Dekorationen und all die vielen Dinge, die dir gefallen und dich begeistern.

Bevor du jetzt aber loslegst, habe ich noch eine großartige Nachricht für dich. Denn das Gute am Design ist, dass du schon längst mit dem Lernen und Üben angefangen hast. Du weißt schon ganz viel über Gestaltung und Design – ohne dass du es gemerkt hast.

Jedes Mal, wenn du ein Bild zeichnest, ein Plakat für die Schule malst, dir Notizen aufschreibst oder ein Geschenk für deine Freunde bastelst, bist du kreativ. Du überlegst dir, welche Farben zusammenpassen, wie du die Texte anordnest, wo die Bilder sein sollen und welche Materialien gut zusammenpassen. Du machst deine Ideen wahr und setzt sie so um, wie es dir gefällt. Perfekt! Denn genau das ist Design!

© StefaNikolic, iStockphoto

Jetzt freue ich mich darauf, mit dir zusammen noch tiefer in das Thema Design einzutauchen. Lass uns gemeinsam gucken, was du noch alles machen kannst und auf welche Tricks du bei deiner nächsten Designidee setzen kannst.

Auf geht's!
Liebe Grüße

Gudrun Wegner

So funktioniert dieses Buch

Wenn du dieses Buch durchblätterst, dann siehst du, dass jedes Kapitel ein anderes Designthema behandelt – immer mit Hintergrundinfos und Beispielen, damit du ganz einfach lernen kannst, was bei diesem Designthema wichtig ist. In jedem Kapitel sind Übungen und Spaßprojekte, in denen du dein neues Wissen ausprobieren kannst. Ganz schnell hast du so ein Logo, coole Einladungskarten oder einen Comic mit deinem ganz eigenen Design!

Das Buch beginnt mit den Grundlagen und den Materialien, die du für deine Designs brauchst. Hier kannst du auch später jederzeit nachgucken, wenn du eine Frage hast. Danach kannst du zwischen allen Kapiteln hin- und herspringen. So kannst du dich immer mit dem Thema beschäftigen, das du gerade besonders spannend findest.

Wir arbeiten in den Übungen immer wieder mit *Beispielmaterial*, zum Beispiel Fotos und anderen Vorlagen. Die kannst du dir auf der Website zum Buch herunterladen. Gehe dazu auf die folgende Seite: *www.rheinwerk-verlag.de/5159*. Hier findest du den Kasten »Materialien«, wo du dir alles herunterladen kannst.

Außerdem möchte ich dir noch Lene (11 Jahre) und Pia (13 Jahre) vorstellen. Beide haben die Übungen in diesem Buch ausprobiert und getestet. Einige ihrer Zeichnungen und Designs kannst du dir am Ende der Übungen angucken. Toll, oder?

— Kapitel 1 —

Design ist überall

Design gibt dir die Möglichkeiten, deine Welt so zu gestalten, wie sie dir gefällt. Deine Bilder, deine Poster, deine Zeichnungen, deine Logos, deine Videos – mit deiner Kreativität kannst du dich und deine Gedanken ausdrücken und dir die Welt ein bisschen schöner machen.

Wir lieben Design

Alles, was von Menschen geschaffen und entworfen wurde, hat ein Design. Egal ob dick, dünn, schief, gerade, rund oder eckig. Aus einer kleinen Idee, die es nur im Kopf gab, ist ein richtiges Design geworden, das man anfassen und betrachten kann. Alle Menschen, die jetzt das Design anschauen, sehen diese eine Sache, die für den Designer oder die Designerin wichtig war. Faszinierend, nicht wahr? Das Tolle am Design ist dieser magische Moment, der bei Kreativen das Herz schneller schlagen lässt.

> Weißt du, was dein Lieblingsbuch, dein T-Shirt, deine Urlaubsfotos und deine Frühstückstasse gemeinsam haben? Sie alle wären ohne Designer*innen nicht da.

Du kennst dieses Gefühl. Auch wenn du dir bis jetzt noch gar nicht bewusst darüber warst, dass du wie eine Designerin oder ein Designer gehandelt hast. Denke zum Beispiel an deinen letzten Urlaub zurück. Vielleicht wusstest du zu Beginn noch gar nicht genau, wie dein Urlaubsfoto ausschauen soll. Aber du hast Verschiedenes ausprobiert. Du hast dir überlegt, was genau du zeigen möchtest und wie das Bild später wirken soll. Dann hast du losgelegt. Vielleicht hast du 3 bis 4 Fotos gebraucht, bis du das eine Bild hattest, das dir richtig gut gefällt. Aber du hast es geschafft.

Designer*innen arbeiten in den gleichen Schritten wie du, wenn du an deinem perfekten Urlaubsfoto arbeitest. Sie haben eine Idee, machen verschiedene Entwürfe und bekommen zum Schluss das eine großartige Design. Und du ein großartiges Foto.

© mixetto, iStockphoto

Coole Fotos, Grafiken und Videos kannst du überall machen. Folge deinen Ideen und probiere dich aus.

Alle Menschen lieben Bilder

Ja, alle Menschen lieben Bilder. Und wir verstehen sogar heute noch, welche Geschichten und Ideen auf Bildern erzählt werden, auch wenn die schon hunderte Jahre alt sind.

Die Begeisterung für Bilder ist in uns Menschen tief verwurzelt. Schon antike Völker haben Bilder an die Wände gemalt oder Symbole in Steinwände geritzt, um ihre Gedanken festzuhalten.

Schau dir einmal diese alte Zeichnung aus dem Jahr 1826 an. Sie zeigt eine Wandmalerei, die Forscher in einem uralten ägyptischen Grab gefunden und abgezeichnet haben. Wirklich beeindruckend.

Das ist auch der Grund, warum Bilder und Designs bis heute überall sind und uns ständig umgeben. Ganz oft benutzt du die Symbole einfach, es ist für dich ganz normal und selbstverständlich, mit bildlichen Informationen umzugehen.

→ Ein Fahrrad auf einem Schild sagt dir, wo der Radweg ist.
→ Durch die Schrift auf einem Buch weißt du, wo vorne ist und wie herum du das Buch halten musst.
→ Das kleine grüne Telefonhörersymbol auf deinem Smartphone sagt dir, wo du drücken musst, um einen Anruf anzunehmen.
→ Bei einer roten Ampel hältst du an.

Über alle diese Dinge musst du nicht mehr nachdenken. Du weißt es einfach, weil Bilder so gut funktionieren.

GESTALTEN – DAS KANNST DU AUCH!

Als Designerin oder Kreativer lernst du, selbst zu gestalten. Du erfährst, wie du deine Ideen optimal umsetzt und mit den passenden Tipps eigene Designs entwickelst.

Beim Gestalten spielt es keine Rolle, ob du am liebsten von Hand zeichnest, mit Farben auf Stoffen malst oder gerne Naturlandschaften fotografierst. Vielleicht fragst du dich auch, wie du Poster, Magazine oder Plakate am Computer oder Tablet gestaltest. Oder wie du schöne Einladungskarten selbst schreiben und verzieren kannst. Eventuell hast du auch noch gar keine Lieblingsdisziplin gefunden.

Auf diese und ganz viele andere Fragen findest du in dieser Kreativ-Werkstatt eine Antwort. Ich zeige dir, wie die unterschiedlichen Techniken funktionieren und was du alles damit gestalten kannst. *Teste aus, was dir gefällt.*

Probiere einfach die Übungen und Spaßprojekte in jedem Kapitel aus!

© Daria Tumanova, Unsplash

Versuch mal etwas Neues, was du bis jetzt noch nie gemacht hast, und gucke, ob es dir gefällt. Es gibt so viele Möglichkeiten für dich, und das ist großartig. Alles ist erlaubt. Jedes Material, das du spannend findest und das dir dabei hilft, deine Ideen umzusetzen, ist richtig.

Deine Designs müssen nicht perfekt sein oder genauso aussehen wie in diesem Buch. Mach dein eigenes Ding aus den Vorschlägen und Übungen. Hab Spaß! Das ist immer das Wichtigste an kreativen Projekten.

Also los, zück deinen Bleistift, wir starten dein Kreativtraining!

Inspiration für gelungene Designs findest du überall. Leg dir ein Ideenbuch an, in dem du die besten Beispiele sammelst. Das macht Spaß und dir geht keine interessante Anregung verloren.

–> Mit Training wirst du besser <–

Kreativität ist wie ein Muskel. Da gibt es gar keine großen Unterschiede zu den anderen Hobbys und Sportarten. Je häufiger du deine Kreativität trainierst, desto besser, schneller und außergewöhnlicher werden deine Ideen und Projekte.

GESTALTE EIN MOODBOARD FÜR DEINE IDEENSAMMLUNG

Damit du jederzeit einen Platz für deine besonderen Erinnerungen und Ideen hast, kannst du dir ein Moodboard basteln.

Überall findest du schöne Zeichnungen, Stoffe, Schriften, Farben oder überraschende Fotos, die dir gefallen. Das Problem ist nur, dass du diese Inspirationen nie zur Hand hast, wenn du sie brauchst. Dann sitzt du vor deinem weißen Blatt und hast keine Ahnung, wie du anfangen sollst.

MATERIAL

- Pinnwand/ Papierbogen/ Bilderrahmen
- Kleber oder Pinnnadeln
- Schere

Also erstelle dir ein Moodboard. Wenn du dann ein neues Kreativprojekt beginnst, kannst du dich von all deinen tollen Beispielen inspirieren lassen.

© LightField Studios, iStockphoto

Und so geht es

1. **Inspiration ist überall**
Wann immer du ein Foto, Zeichnungen, Materialschnipsel oder Stoff entdeckst, die dir besonders gut gefallen, schneidest oder druckst du sie aus.

2. **Lieblingsstücke für dein Projekt**
Du kannst ein Moodboard für ein bestimmtes Projekt anlegen: Sammele alle Ideen und Inspirationen, ohne viel darüber nachzudenken. Je länger du dich mit deinem Projekt beschäftigst, desto klarer wird dein Bild davon, wie es aussehen soll.

3. **Mach dein Moodboard sichtbar**
Hänge dein Moodboard so in deinem Zimmer auf, dass du es jederzeit sehen kannst. So hast du deine Ideensammlung immer bei dir und kannst direkt loslegen.

Ein Moodboard für eine Geburtstagsparty mit Inspirationen für die Dekoration, Papieraufsteller und Einladungskarten. Kleine Grafiken, eine passende Schrift und fünf Hauptfarben sind ebenfalls festgelegt.

4. **Ein Moodboard ist nie fertig**
Ergänze, verändere und erweitere dein Moodboard, wann immer dir etwas Neues gefällt oder sich dein Geschmack verändert.

–> Geht das auch online? <–

Du kannst so ein Moodboard auch online führen, wenn du gerne Inspirationen sammeln möchtest, die du im Internet findest. Dafür eignet sich die App Pinterest, in der du ganz viele unterschiedliche Pinnwände anlegen und mit Beispielen füllen kannst.

Stifte für alle Stile

Designs kannst du mit jedem Stift gestalten, den du bereits besitzt. Nach und nach kannst du dir dann besonders schöne Farben und Materialien zulegen und deine Auswahl erweitern.

Bleistifte

Perfekt für den Start in der Kreativ-Werkstatt: ein einfacher Bleistift mit einem mittleren Härtegrad (HB bis B2). Der lässt sich super radieren, ist nicht zu dunkel und drückt sich nicht so stark in das Papier. Er ist gut für Skizzen und Vorzeichnungen geeignet.

Bleistifte können unterschiedliche Minen haben:
→ H steht für hart, 1 = etwas hart, 5 = sehr hart
→ B steht für weich, 1 = etwas weich, 5 = sehr weich
→ HB steht für die Mischung (mittlere Härte)

Die harten Minen zeichnen einen hellen, scharfen Strich, es kommt kaum Farbe auf das Papier. Sie ritzen sich tief ins Papier ein. Die ganz weichen Minen erinnern beim Zeichnen fast an Kreide. Der Strich ist dunkel, mit viel Farbe und verschmiert leicht.

Buntstifte

Buntstifte lassen sich radieren und leicht auftragen. Wenn du den Buntstift gerade hältst, kannst du mit ihm ganz scharfe, saubere Linien zeichnen. Hältst du ihn schräg, kannst du Flächen schraffieren oder kolorieren.

Es gibt auch besondere Buntstifte, die sich mit Wasser vermalen lassen. Die heißen auch Aquarellstifte. Mit ihnen kannst du zuerst wie mit einem Buntstift zeichnen. Wenn du fertig bist, schnappst du dir einen Pinsel und Wasser und kannst deine Zeichnung ganz leicht anlösen und vermalen. Dann sieht es aus wie ein Aquarell.

Fineliner

Prima für Umrandungen, Muster oder Details: Fineliner oder Gelstifte. Sie haben einen klaren, feinen Strich, trocknen schnell und verlaufen nicht. Schwarz und Dunkelblau eignen sich gut für Outlines. Mit einem weißen Fineliner kannst du tolle Highlights setzen.

© Kazuri Roy, Unsplash

Du musst dich nicht für ein Material entscheiden, sondern kannst auch mehrere kombinieren. Guck mal, wie schön Fineliner, Farbstifte und Aquarell zusammen aussehen!

Kugelschreiber

Je nachdem, wie stark du aufdrückst und wie schräg du den Kugelschreiber hältst, verändert sich der Strich. Das kann erstaunliche Muster und Schattierungen ergeben. Aber Vorsicht: Kugelschreiberstriche können verschmieren.

Marker und Filzstifte

Hiermit bekommst du ganz satte und kräftige Farbflächen und Striche. Marker und Filzstifte gibt es mit ganz schmalen oder breiten Spitzen.

Brushpens

Brushpens haben keine feste Spitze, sondern eine Pinselspitze. Je nachdem, wie stark du beim Zeichnen aufdrückst, wird der Strich ganz dünn und zart oder ganz breit und stark. So kannst du tolle Effekte erzielen.

Material und Zubehör

Zum Malen kannst du unterschiedliche Materialien verwenden.

Gouache- und Acrylfarben

Sie lassen sich beide mit Pinseln und Wasser verwenden. Sie sind wunderbar flexibel und haben eine schöne satte Farbe. Du kannst jeden Farbton mischen, den du haben willst. Wegen ihrer guten Deckkraft kannst du mit ihnen auch auf ungewöhnlichen Maluntergründen, wie Holz oder Stein, arbeiten. Hast du das schon einmal ausprobiert?

Wasserfarben und Aquarellfarben

Wasserfarben sind viel zarter und werden in mehreren Schichten übereinander aufgetragen. Dadurch entstehen besonders schöne Effekte und Schattierungen. Für die Arbeit mit Wasserfarben und Aquarell brauchst du aber Geduld, da jede Schicht trocknen muss, bevor du weitermalen kannst.

Papier

Malen und zeichnen kannst du im Prinzip auf jedem Papier. Besonders schön wird es aber, wenn das Papier nicht zu dünn ist. Sonst entstehen schnell Löcher, Knitter oder Falten, wenn du öfter radierst, mehrere Farbschichten übereinander aufträgst oder mit viel Wasser arbeitest.

Es muss auch nicht immer weiß sein. Probiere ruhig mal buntes Papier aus oder sogar schwarzes Tonpapier. Gerade mit weißen oder hellen Stiften lassen sich da besondere Effekte und Designs gestalten.

Statt Papier kannst du auch Leinwände, Pappe, Stoff oder auch Holz oder Ton verwenden. Jeder Untergrund bringt eigene Eigenschaften mit, und das wiederum beeinflusst, wie deine Farben wirken. Teste einfach, was dir gefällt und zu deiner Bildidee passt.

Zusatzmaterial

Pinsel, Schere, Kleber, Radiergummi, ein Lineal, Geodreieck, Knete, Klebeband, buntes Washi-Tape, Schnur ... deine Designprojekte sind so vielfältig wie deine Ideen.

Hast du schon mal versucht, mit einer Wäscheklammer und Tinte zu zeichnen? Das gibt ungewöhnliche Ergebnisse.

Digitale Apps und Tools

> Du hast Lust, digitale Designs zu gestalten? Prima! Denn es gibt coole Programme und Apps, mit denen du auf deinem Smartphone oder einem Tablet zeichnen, malen und gestalten kannst.

Übungen und Ideen zum digitalen Gestalten findest du in allen Kapiteln. Wenn du gleich starten möchtest, dann guck mal auf Seite 050. Auch bei Videos oder kleinen Animationen kannst du mit Tablet- und Smartphone-Apps tolle Effekte erzielen.

Digitale Zeichenstifte

Leichter als mit dem Finger kannst du am Tablet gestalten, wenn du einen speziellen Zeichenstift hast, denn er liegt besser in der Hand. Diese sind außerdem dünner und darum genauer als dein Finger.

© Robert Gonzalez, Unsplash

Computer und Designsoftware

Bei großen und umfangreichen Designideen helfen dir ein Computer und die entsprechende Designsoftware. Es gibt für die verschiedenen Designbereiche, wie Fotobearbeitung, Illustration oder Layout, spezielle Programme, mit denen du fast jede Idee wie ein Profi umsetzen kannst.

In Kapitel 5, »Deine Grafikdesign-Werkstatt«, findest du viele Designprojekte, in denen du den Umgang mit den Programmen üben kannst.

–> Tipps zur Fotobearbeitung <–

Mit dieser Software arbeiten die Profi-Designer und -Designerinnen:
- Adobe Photoshop: Hier gibt es die alte Version CS2 kostenlos im Internet.
- Affinity Photo kostet 49 Euro. Hierzu gibt es eine Testversion.

Smartphone und Kamera

Deine Bilder, Videos oder kleine Animationen kannst du sehr gut mit deinem Smartphone oder einer Kamera aufnehmen. Du kannst deine Designidee dann direkt auf dem Smartphone mit einer App oder am Rechner weiterbearbeiten, so wie du gerade magst. Ideen und Inspirationen findest du in Kapitel 8, »Deine Foto- und Video-Werkstatt«.

Pinterest

Hiermit kannst du deine Lieblingsbilder auf Pinnwänden sammeln und immer wieder Inspirationen finden, zum Beispiel um ein Moodboard für dein nächstes Projekt zu erstellen. Du kannst die App auf dem Smartphone oder auf dem Rechner benutzen.

Canva

Sowohl am Rechner als auch auf dem Tablet kannst du die kostenfreie Grafiksoftware »Canva« nutzen. In diesem Buch findest du immer wieder Anleitungen dazu. Canva bietet viele Möglichkeiten, ist einfach zu benutzen und macht viel Spaß.

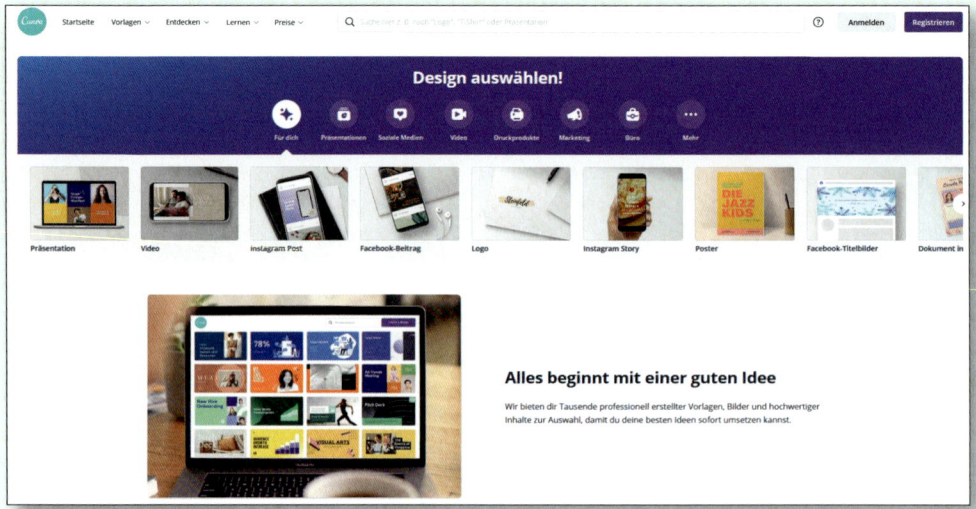

Zeichenapp auf dem iPad

Für Zeichnungen am Tablet gibt es viele Programme. Ich benutze sehr gerne die App »Procreate«, weil sie so viele kreative Anwendungsmöglichkeiten bietet. Sie kostet auch nur 11 Euro. Frag deine Eltern, ob sie dir die App sponsern.

Procreate gibt es aber nur für das iPad.

Zeichenapp auf dem Android-Tablet

Für Android-Handys und -Tablets gibt es beispielsweise kostenlos die App »Sketchbook«. Probiere sie doch einmal aus.

–> Geht das auch online? <–

Du kannst viele Downloadvorlagen aus dem Buch direkt auf dem Tablet verwenden. Lade sie dir von der Website zum Buch herunterladen: Gehe auf *www.rheinwerk-verlag.de/5159* und dort in den Kasten »Materialien«. Die Bilder importierst du dann direkt in dein Zeichenprogramm. Danach kannst du die Vorlage so oft kolorieren oder überzeichnen, wie du möchtest.

— Kapitel 2 —

Deine Mal- und Zeichen-Werkstatt

Alles, was du für deinen Start brauchst, ist ein Stift, ein Blatt Papier und Lust am Zeichnen. Mehr nicht. Fang einfach an. Der Rest kommt mit der Zeit.

Jede*r ist kreativ

Wie wird man eine Designerin? Was brauchst du als Kreativer? Kannst du auch so gut werden? Die Antworten auf alle diese Frage sind ganz einfach: Ja, du kannst das auch. Denn Malen und Zeichnen ist gar nicht schwer, wenn du die richtigen Grundlagen kennst.

»Wow, so toll möchte ich auch malen und zeichnen können.« Kommt dir dieser Gedanke bekannt vor? Aber du weißt nicht, wie du anfangen sollst?

Bei Designs und Bildern geht es nicht darum, mit welchen Materialien du arbeitest, sondern nur um deine Ideen. Hier gibt es kein Richtig und kein Falsch. Du kannst einen Baum groß zeichnen, dick, dünn, hell, dunkel, buschig oder ganz ohne Blätter – aber falsch zeichnen kannst du ihn nicht. Das Wichtigste ist, dass du Spaß hast und das Gestalten nicht zu ernst nimmst.

Vier Zeichnungen, vier Stile. Ob als Bleistiftskizze, mit Aquarellfarben, reduziert mit einer Fineliner-Linie oder als digitale Zeichnung – du kannst deine Designs ganz unterschiedlich gestalten.

Du musst auch nicht so zeichnen und malen können wie alle anderen. Sondern nur so, wie du selbst es gut findest. Indem du die Formen und Zeichenstile veränderst, entsteht gleich ein ganz anderes Bild. Bei so viel Vielfalt findest du immer die passende Gestaltung für deine Ideen. Denn was schön ist und was gefällt, liegt immer im Auge der Betrachterin oder des Betrachters. Und das ist das Großartige am kreativen Arbeiten.

KLEINE KRAKELVÖGEL

ÜBUNG

Diese Übung ist perfekt, wenn du nicht weißt, wie du anfangen sollst oder du dich vor dem Zeichnen aufwärmen willst. Hier kannst du nichts falsch machen. Die kleinen Krakelvögel sind ganz einfach und machen einfach Spaß.

MATERIAL
- Blatt Papier
- Bleistift
- Buntstifte

UND SO GEHT ES

1. **Starte mit wildem Gekrakel**
   Zeichne mit einem Bleistift wilde Linien übereinander, bis du ein richtiges Krickelkrakel hast. Wenn du willst, kannst du dabei auch die Augen schließen, oder du zeichnest mit der falschen Hand.

2. **Suche nach Vogelformen**
   Guck dir jetzt die Formen an, und suche nach Umrissen, die an Vogelkörper erinnern. Zeichne diese mit einer anderen Farbe nach.

3. **Zeichne typische Vogelmerkmale ein**
   Schnäbel, Flügel, Augen, Füße – mehr braucht es nicht, damit aus deinen Formen kleine Krakelvögel werden.

4. **Male deine Vögel an**
   Wenn du möchtest, kannst du die Bleistiftlinien jetzt wegradieren und die Vögel farbig kolorieren oder verzieren.

Pia hat Zwitschi und zwei weitere kleine Krakelvögel gefunden. Wie viele findest du in deinem eigenen Krickelkrakel?

Alles zeichnen mit fünf Grundformen

> Hast du gewusst, dass du nur fünf Grundformen brauchst, wenn du etwas zeichnen willst?

Jeder Gegenstand, jedes Tier, jeder Raum, Fahrzeuge und sogar Personen lassen sich in Grundformen zerlegen. Diese fünf Grundformen sind so einfach, dass wirklich jeder sie zeichnen kann.

Das sind sie:

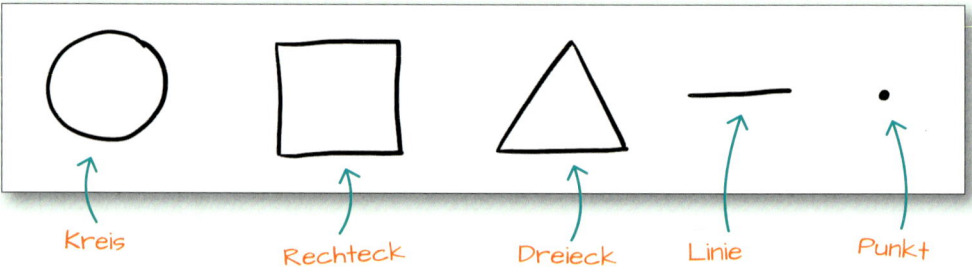

Kreis   Rechteck   Dreieck   Linie   Punkt

Hier mal ein paar Beispiele für Zeichnungen mit Grundformen. Links siehst du jeweils eine einfache Zeichnung, in der Mitte die dafür verwendeten Grundformen, und rechts erfährst du, wie die Zeichnung und die Grundformen zusammenspielen.

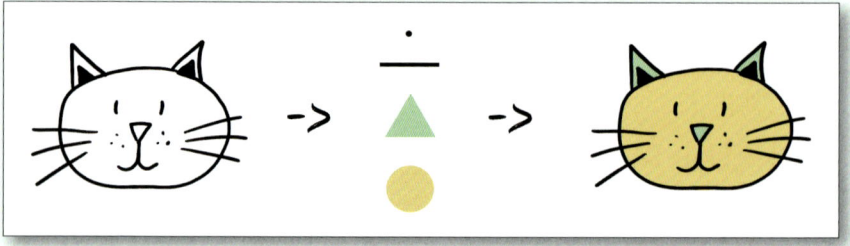

Eine Katze besteht aus einem Kreis, Dreiecken für Ohren und Nase und Linien und Punkten im Gesicht. Du kannst das Aussehen der Katze einfach verändern, indem du die Grundformen langziehst oder halbierst.

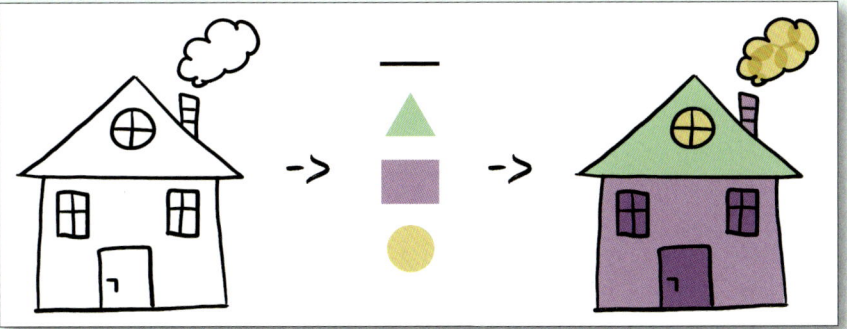

 Das Dach ist ein Dreieck. Schornstein, Fenster, Türen und das Haupthaus sind Rechtecke. Die Rauchwolke des Hauses entsteht, wenn du viele kleine Kreise zeichnest, die sich überschneiden. Die Details sind Linien.

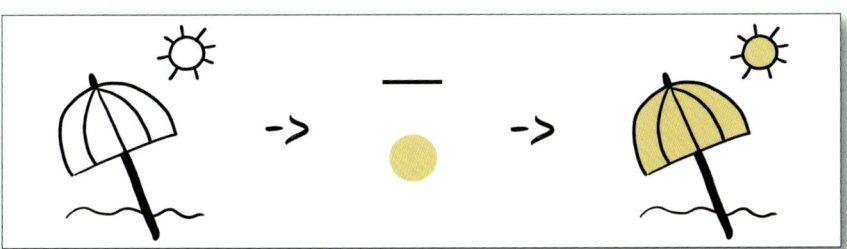

 Der Sonnenschirm am Strand: Er besteht aus einem Kreis und einem Halbkreis mit Linien. Die Stange ist eine extra verdickte Linie.

JETZT BIST DU DRAN

Ok, das waren jetzt einfache Beispiele. Aber auch bei komplexen Zeichnungen funktioniert dieses Prinzip. Schau dir das Objekt, das du malen willst, zuerst genau an:

→ Aus welchen Grundformen besteht es?
→ Wo siehst du Kreisformen, Rechtecke, Dreiecke, Punkte oder freie Linien?

Beginne deine Zeichnung mit den großen Hauptformen, und arbeite dich dann zu den kleinen Details vor. Wie wäre es mit einem Schiff, einer Blume, einem Fahrrad ... Auf Seite 040 nutzen wir das Prinzip auch für komplexere Zeichnungen.

SYMBOLE FÜR DEINE NOTIZEN

ÜBUNG

Egal ob in der Schule oder zu Hause – du machst dir ständig Notizen. Über den Tag verteilt kommen da viele Seiten zusammen.

Wie wäre es, wenn du für die häufigsten Begriffe kleine Symbole hättest? Dann könntest du schneller mitschreiben, deine Notizen wären schöner, und du würdest die Infos, die du gerade suchst, viel einfacher finden.

Material

- Stift
- eine Idee
- eventuell Notizen als Vorlage

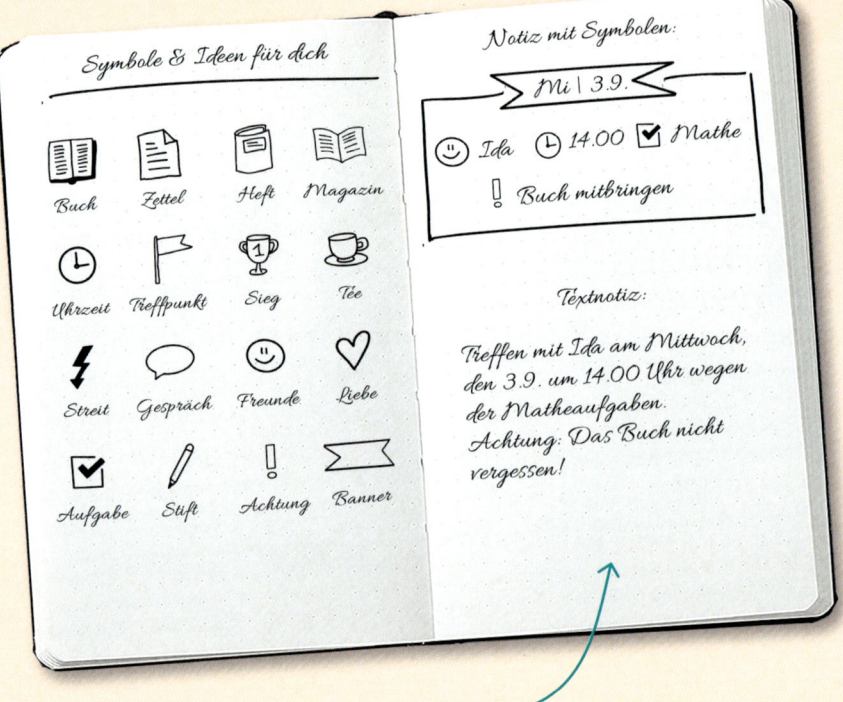

Auf der rechten Seite im Zeichenbuch findest du zwei Notizen für ein Treffen mit Ida. Vergleiche mal die beiden Beispiele. Oben wurden unsere Symbole verwendet, darunter siehst du die reine Textnotiz. Welche Darstellung gefällt dir besser?

Und so geht es

1. Wichtige Begriffe finden
Notiere dir, welche Begriffe und Themen du häufig aufschreibst. Denk an deinen Alltag, die Schule oder deine Hobbys. Die Begriffe »Hausaufgaben, Uhrzeit, Tee, Freunde« sind gute Beispiele.

2. Alternative Symbole skizzieren
Designe kleine Symbole, die du stattdessen zeichnen willst. Denk dabei an die Grundformen, aus denen alle Symbole aufgebaut sind. Oder suche dir welche aus den Beispielen aus.

3. Endlich weniger Texte und mehr Bilder
Ab jetzt schreibst du nicht mehr alles auf, sondern zeichnest fix das entsprechende Symbol. Für mehr Spaß und weniger Text!

⭐ Ausprobiert

Pia hat sich einige Begriffe überlegt und dann auch gleich nur mit Grundformen gezeichnet. Die will sie jetzt in ihrem Bullet Journal einsetzen.

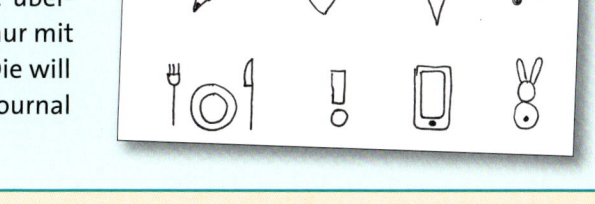

–> Inspiration <–

Dir fällt kein passendes Symbol ein? Guck dir einmal die Emojis auf deinem Smartphone an. Hier findest du Beispiele für Symbole, Zeichen und Gesichtsausdrücke, von denen du dich inspirieren lassen kannst.

Schraffuren und Muster

> Den Trick mit den Grundformen kennst du jetzt, und du hast auch schon eine ganze Menge Figuren gezeichnet. Das ist prima, aber irgendwie sehen deine Zeichnungen noch langweilig aus, oder?

Mit Schraffuren und Mustern kannst du deiner Zeichnung jeden Look geben, der zu deiner Idee passt. Hole Dir deine Ideen dabei direkt aus deiner Umgebung. Guck dir genau an, wie die Oberfläche von Gegenständen, Tieren oder Pflanzen aussieht.

→ Ist die Struktur glatt oder plüschig?

→ Fühlt es sich weich wie Fell an oder hart wie bei einem Stein?

Versuche dann, diese Struktur mit deinen Schraffuren und Mustern nachzumachen. Am besten übst du zu Beginn mit einer einfachen Form, zum Beispiel einem Kreis. Schau mal, wie unterschiedlich dieser aussehen kann!

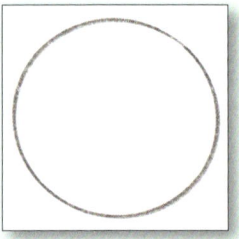

Ein einfacher Kreis mit Outline
Wenn man nur die Umrisslinie sieht (man nennt das die Outline), wirkt deine Figur flach und zweidimensional. Man sieht nicht, aus welchem Material dein Kreis ist.

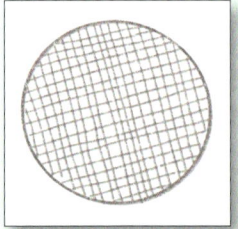

Die Kreuzschraffur
Ganz einfach ist die Kreuzschraffur. Dabei zeichnest du zuerst parallele Linien nebeneinander, dann einen zweiten Satz Linien so darüber, dass sie sich »kreuzen«. Findest du auch, dass der Kreis jetzt aussieht, als wäre er aus einem Stück Stoff ausgeschnitten?

Freie Muster
Denk dir freie Muster und Strukturen aus: Kringel, Dreiecke, Schachbrettmuster, Schneckenlinien oder Schuppen – alles ist möglich. Für die Holzstruktur zeichne lange Linien, die nebeneinander laufen, aber nicht genau gleich sind. Unterbrich deine Linien immer wieder für Schneckenformen, die bei echtem Holz durch die Äste entstehen.

Aus dem Kreis wird eine Kugel
Ein Kreis ist flach, eine Kugel ist ein Körper. Um diesen Unterschied zu zeigen, muss deine Figur dreidimensional werden. Dafür brauchst du einen Verlauf*. Zeichne dafür den einen Teil deiner Figur ganz dunkel und werde dann immer heller. Samtig, fest und schwer sieht die Kugel jetzt aus. Vielleicht ist die Kugel ja aus Gestein, Lehm oder aus festem Sand. Was meinst du?*

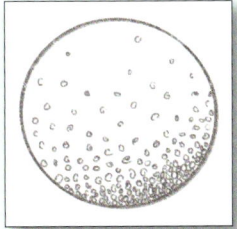

Muster für deine Kugel
Dreidimensionalität kannst du auch erzeugen, wenn du mit einem Muster *arbeitest. Du zeichnest erst viele kleine Punkte und lässt sie dann immer weniger werden. Das ist auch ein Verlauf, und zwar von ganz voll zu leer. Probiere den Effekt mit anderen Mustern aus. Wie wäre es mit Dreiecken?*

Jetzt wird es plüschig
Es hat keiner gesagt, dass du den Kreis nicht verändern darfst. Versuch doch mal, eine ganz ungewöhnliche Oberfläche *zu zeichnen. Vielleicht hat dein Kreis ja eine Elefantenhaut, Federn oder Schuppen wie ein Fisch?*

–> Tipp <–

Besonders weich und echt sieht das Fell aus, wenn du über die Outline hinaus zeichnest. Ein Verlauf von dunkel, mit vielen Haar-Schraffuren, hin zu hell, mit wenig Schraffuren, verstärkt den Eindruck, dass die Figur wirklich rund ist.

 ## Ausprobiert

Lene hat sich einen Kreis mit freiem Muster und eine Kugel mit Schuppen ausgedacht. Die sind toll geworden!

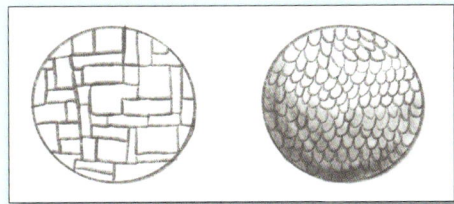

Licht und Schatten

Um herauszufinden, wo der Schatten bei deiner Figur hingehört, kannst du dir eine Lichtquelle oder eine kleine Sonne vorstellen, die direkt auf dein Objekt gerichtet ist.

→ Ist das Licht links von deiner Figur oder rechts?
→ Kommt es von oben oder vielleicht sogar von unten?

Mit Schatten und Lichtpunkten kannst du deine Figur wunderbar betonen und Details herausarbeiten. Sie lassen dein Bild realistischer, lebendiger und mit mehr Tiefe erscheinen.

Die Seite direkt im Sonnenlicht wird am hellsten gezeichnet. Gegenüber von ihr ist der dunkelste Schatten. Teile deiner Figur, die nur wenig Licht abbekommen, haben einen leichten Schatten.

Licht und Schatten bestimmen stark, wie wir ein Bild wahrnehmen. Guck dir einmal die folgenden Zeichnungen an. Beide Bilder sind völlig identisch, bis auf den Schatten und die Position der Lichtquelle sowie die Windrichtung. Dieser kleine Unterschied reicht aber schon, um eine ganz unterschiedliche Bildidee zu zeigen. Licht und Schatten sind ein guter Trick, um mit einfachen Mitteln *interessante Geschichten* zu gestalten.

Gleich fällt der Papierstapel um. Aber trifft er auch den Hasen? Das verraten dir allein der Schatten und die Windrichtung.

Jetzt bist du dran

Versuche einmal, eine Kugel mit Schatten zu zeichnen, oder male die Kiste aus der ersten Abbildung ab.

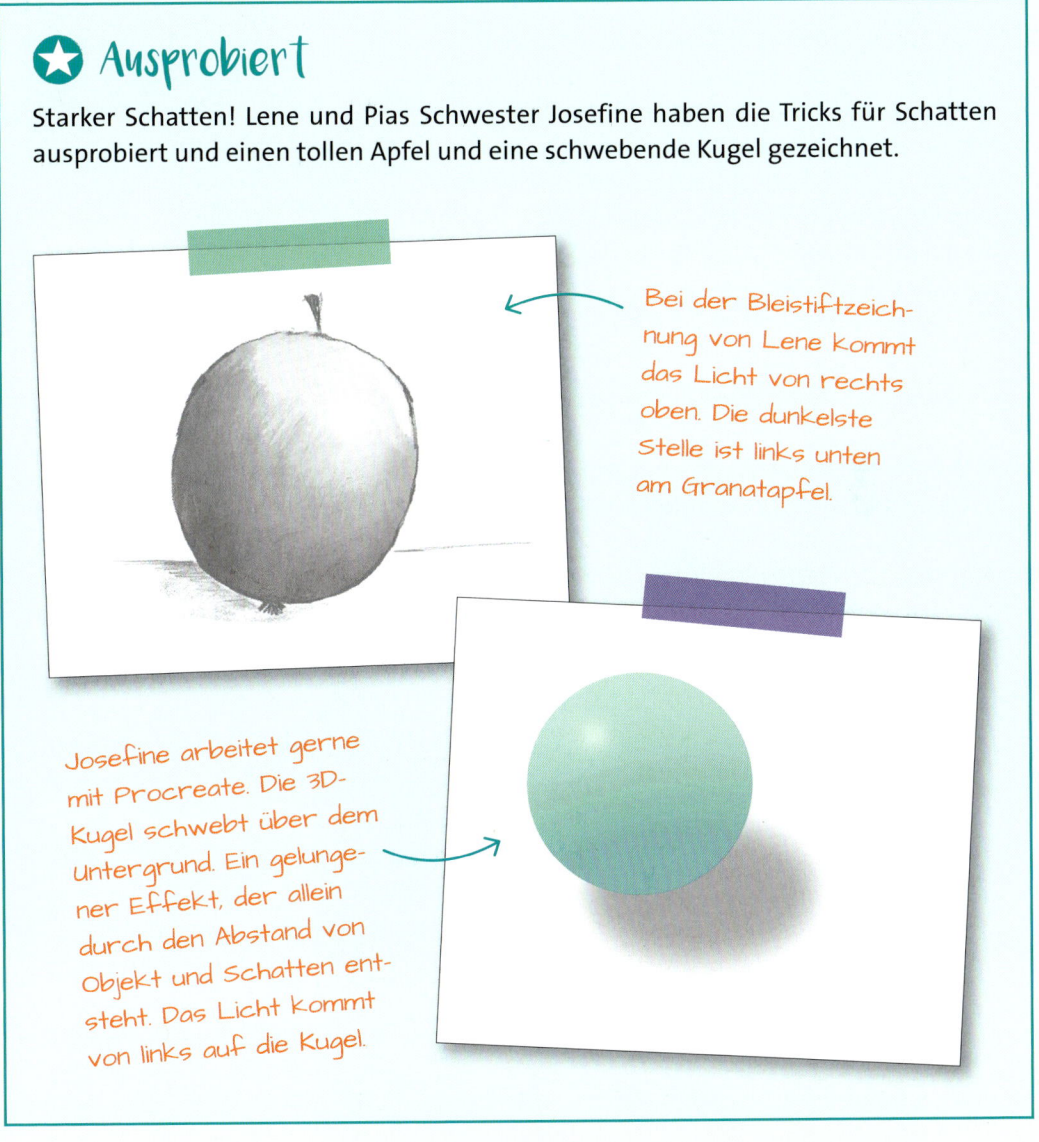

⭐ Ausprobiert

Starker Schatten! Lene und Pias Schwester Josefine haben die Tricks für Schatten ausprobiert und einen tollen Apfel und eine schwebende Kugel gezeichnet.

Bei der Bleistiftzeichnung von Lene kommt das Licht von rechts oben. Die dunkelste Stelle ist links unten am Granatapfel.

Josefine arbeitet gerne mit Procreate. Die 3D-Kugel schwebt über dem Untergrund. Ein gelungener Effekt, der allein durch den Abstand von Objekt und Schatten entsteht. Das Licht kommt von links auf die Kugel.

ZEICHNE EINE EIGENE FIGUR

Jetzt wird es komplexer! Keine Angst, das Handwerkszeug fürs Zeichnen kennst du jetzt schon.

Wie man aus den fünf Grundformen jede Figur zeichnen kann und sie mit Schraffuren und Schatten verfeinert, hast du auf den vorhergehenden Seiten gelernt. Doch dieser Trick funktioniert nicht nur bei einfachen oder schnellen Skizzen. Vielmehr ist es die Basis für alles, was du darstellen willst. Auch für realistische und aufwendige Abbildungen.

Material

- Fotovorlage, auf der dein Motiv gut zu erkennen ist
- Bleistifte und Radiergummi
- Papier
- alternativ ein Tablet mit Zeichenprogramm

Übung

Und so geht es

Eine detaillierte Zeichnung wird immer in den gleichen Schritten erstellt. Den Fuchs findest du auch beim Downloadmaterial.

 Genaues Beobachten
Vor dem ersten Bleichstiftstrich kommt das genaue Beobachten. Welche Grundformen kannst du erkennen?

Die Form des Fuchses ist sehr charakteristisch. Guck genau hin. Ist der Kopf des Fuchses eher eckig oder oval? Ist der Körper länglich oder rund? Wie groß ist der Kopf im Verhältnis zum Körper? Sind die Beine lang oder kurz?

ZEICHNE EINE EIGENE FIGUR – 041

2. Finde die wichtigsten Grundformen
Skizziere nun grob, wie die Grundformen von Kopf und Körper sind. Diese Hilfslinien müssen nicht ganz genau sein, später kannst du sie wegradieren.

Der Körper unseres Fuchses ist lang und schmal wie bei einem Rechteck mit abgerundeten Ecken. Der Kopf hingegen ist ein kleiner, leicht abgeflachter Kreis.

3. Weitere Grundform einzeichnen
Ergänze nun deine Skizze, indem du alle noch fehlenden Teile deiner Figur in ihrer Grundform einzeichnest.

Beine, Ohren, Schnauze, Hals und Schwanz – sie alle bestehen aus Kreisen, Rechtecken, Dreiecken, Linien oder Punkten.

4. Zeichne die Outline
Jetzt geht es mit der eigentlichen Zeichnung los. Zeichne einmal außen um alle Grundformen herum, und verbinde die einzelnen Formen. So entsteht die richtige Figur.

Besonders lebendig wirkt dein Bild, wenn du den Stift immer mal wieder absetzt (wie bei den Ohren) oder die Fellform mitzeichnest (wie beim Fuchsschwanz). Deine Hilfslinien kannst du jetzt wegradieren.

5. Details und Schraffuren

Richtig zum Leben erweckst du deine Figur, wenn du ihr mit Details und Schraffuren mehr Tiefe gibst. So kannst du zeigen, wo das Fell hell oder dunkel ist und wie sich die Oberfläche deiner Figur anfühlt.

Für das lange Fuchsfell zeichnest du dort einige Schraffuren, wo das Fell besonders dunkel ist (wie unter dem Bauch oder am Schwanz). Besonders schön wird der Ausdruck im Gesicht, wenn du die Augen und die Nase betonst.

6. Für die Profis

Je mehr Schraffuren und Details du zeichnest, desto realistischer und genauer wird deine Figur. Wenn du möchtest, kannst du auch die Umgebung andeuten.

Dieser Schritt ist für die Profis und braucht ein wenig Übung. Also mach dir nichts draus, wenn es nicht gleich klappt. Mit jeder Zeichnung wird es besser und leichter – versprochen.

—> *Abpausen ausdrücklich erlaubt!* <—

Es ist gar nicht so einfach, die richtige Form zu finden. Einfacher wird es, wenn du beim ersten Mal deine Lieblingszeichnung abpaust. Guck dir dabei genau an, wie sie aufgebaut und umgesetzt ist. Das übt und macht das Zeichnen von Neuem viel leichter.

Inspiration: Deine Zeichnung auf einem T-Shirt

Zeichnungen auf Papier sind prima. Du kannst aber auch alle anderen Materialien mit deinen Zeichnungen verschönern. Für Stoffe wie T-Shirts oder auch Jutebeutel gibt es extra Textilstifte und Farben, die beim Waschen nicht verschwimmen oder verblassen.

Zeichne dir zuerst dein Motiv auf Papier vor, und übertrage die Skizze dann auf den Stoff. So kannst du sicher sein, dass dein Motiv in der richtigen Größe ist und an der gewünschten Position sitzt. Danach kannst du die Details direkt auf den Stoff zeichnen.

–> T-Shirt bedrucken lassen <–

Du hast schon eine fertige Zeichnung, die du gerne auf einem T-Shirt tragen willst? Dann kannst du die Zeichnung von einer Druckerei auf ein T-Shirt drucken lassen. Alle Details für diesen Druck kannst du bei der Druckerei erfragen.

Farben für deine Designs

> Du möchtest Farben in deine Designs bringen? Das kann ich nur zu gut verstehen. Denn was wären leuchtend gelborange Sonnenuntergänge oder kalte weißblaue Winterlandschaften ohne Farben?

Bunte Farbtöne geben jedem Design eine ganz eigene Stimmung und machen deine Arbeiten schöner und interessanter. Einfach irgendeine Farbe auszusuchen oder alle zu kombinieren, ist aber keine gute Idee. Schnell sieht dein Bild sonst krakelbunt aus.

Wenn du wissen möchtest, welche Farben besonders schön zusammen aussehen, dann kannst du dir einen Trick zu Hilfe nehmen. Bevor ich dir aber zeigen kann, welche Farben zusammenpassen, musst du wissen, wie alle Farben zusammengesetzt sind: Dafür brauchst du das Farbrad. Das Farbrad ist ein Kreis, der in 12 Abschnitte unterteilt ist.

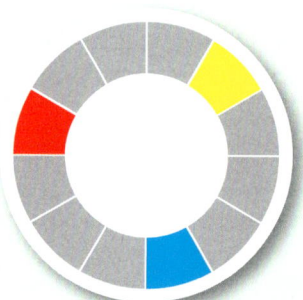

Unsere Grundfarben

Rot, Gelb und Blau sind die Grundfarben und bilden immer den Anfang. Da man diese drei Farben nicht aus anderen Farben mischen kann, nennt man sie auch die Primärfarben (das heißt die »ersten« Farben). Im Farbkreis liegen sie alle genau gleich weit auseinander.

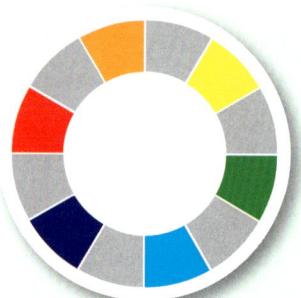

Die ersten Mischfarben

Gelb und Rot zu gleichen Teilen gemischt ergeben Orange. Aus Gelb und Blau mischst du Grün. Aus Rot und Blau wird Violett. Man nennt sie auch Sekundärfarben (sekundär heißt »zweitrangig«).

Die zweiten Mischfarben

Für das vollständige Farbrad brauchst du jetzt noch weitere Mischfarben (auch  das heißt die »dritten« Farben, genannt). Dafür mischst du jeweils eine Primärfarbe mit der nächsten Sekundärfarbe. Aus Gelb und Orange wird Gelborange. Mit Gelb und Grün mischst du ein tolles Limettengrün. Mischst du Grün und Blau, bekommst du ein schönes Türkis.

⭐ Ausprobiert

Male doch einmal selbst ein Farbrad nach, um ein Gefühl für die Farben zu erhalten. Pia hat ein Farbrad mit Zirkel und Aquarellfarben gezeichnet und die Farben zusammengemischt.

Farben auswählen

Der Farbkreis zeigt dir nicht nur, wie du Farben mischen kannst, sondern auch, welche Farben besonders gut zusammenpassen.

Auffällig, ruhig, einheitlich oder extra knallig – mit den folgenden Tipps kannst du für jede deiner Bildideen die passende Farbkombination auswählen.

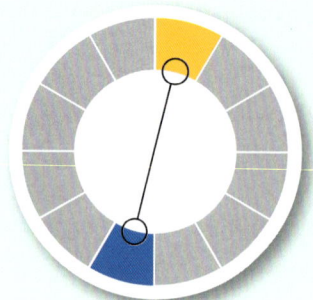

Zwei knallige Farben fallen auf

Komplementärkontrast: Die einfachste Farbkombination, die immer funktioniert und viel *Aufmerksamkeit* erzeugt! Hier wählst du Farben, die sich im Farbkreis direkt gegenüberliegen. Sie sind am weitesten voneinander entfernt und haben so den stärksten Kontrast.

© Johan Nilsson, Unsplash

Knallige Kombinationen sind ein echter Blickfang: Das Gelborange der Sonnenblume leuchtet erst durch das Blau im Hintergrund so richtig schön.

Drei harmonische Farben

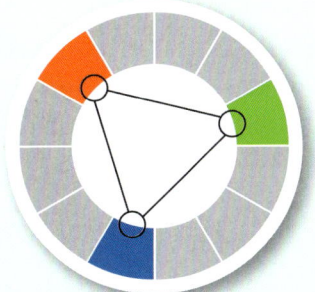

Mit drei Farben, die im Farbkreis gleich weit auseinanderliegen, kannst du gelungene Kontraste für dein Bild finden. Dieser Farbenmix heißt dann Triade. Diese Mischung ist *harmonisch, aber nicht langweilig*.

Das Rotorange der Mohnblumen, das Blau des Himmels und das frische Grün passen toll zusammen.

Ähnliche Farben plus eine Knallfarbe

Du möchtest mehr Farbtöne, die sich ähneln? Suche dir zwei Farben, die sich gegenüberliegen (einen Komplementärkontrast), doch bei einer Farbe gehst du ein Feld nach rechts und links. Jetzt hast du drei schicke und *auffällige Hauptfarben*, von denen zwei aus einer Farbfamilie kommen. Das heißt dann teilkomplementärer Kontrast.

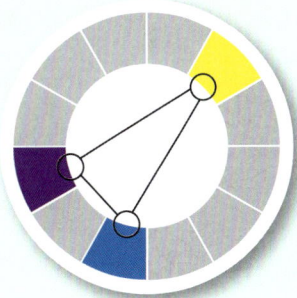

Hier fällt der zitronengelbe Fisch sofort ins Auge, weil er sich so gut von den vielen Blau- und Violetttönen unterscheidet.

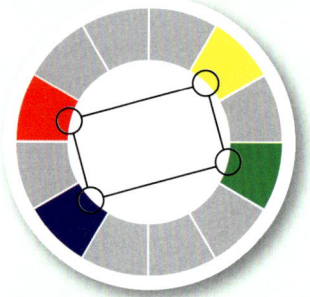

Viel Farbe, bitte!

Du magst es bunter? Dann ist der doppelkomplementäre Kontrast der richtige für dich. Hier entscheidest du dich für eine knallige Farbkombination, die sich gegenüberliegt. Dann lässt du ein Farbfeld aus und nimmst wieder eine gegenüberliegende Farbkombination.

© Deva Williamson, Unsplash

Rot und Grün, Gelb und Blauviolett - damit so viele Farben zusammen nicht zu knallig aussehen, brauchst du Übung. Schön wirkt diese Kombination immer, wenn du die Farben aufhellst, also mit Pastellfarben arbeitest.

Alles soll sich ähnlich sehen

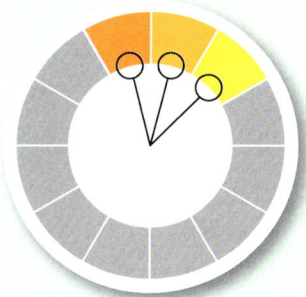

Fein und elegant wirken Bilder und Designs, die mit sehr ähnlichen Farben arbeiten. Suche dir dafür eine Hauptfarbe, und nimm auch zwei oder drei direkt daneben liegende Farbfelder hinzu. Dieser Mix eignet sich vor allem für *ruhige Designs* und Bildideen.

Die vielen gelben und orangen Farbtöne sehen zusammen schön harmonisch und einheitlich aus, ohne dass es langweilig wird.

Nur eine Farbe

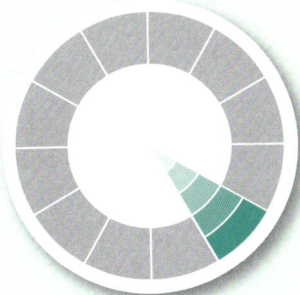

Eine Farbe alleine ist langweilig? Stimmt ja gar nicht. *Schöne Kontraste* für deine Bilder und Designs kannst du auch mit nur einer Farbe erzeugen. Dabei verwendest du nur einen Farbton, den du immer weiter mit Schwarz und Weiß abmischst – von ganz dunkel bis ganz hell.

Vor allem für ruhige und sehr stimmungsvolle Bilder sind monochrome Farben eine gute Entscheidung. Das ist auch der Grund, warum viele Fotograf*innen so gerne mit Schwarz-Weiß- und Ton-in-Ton-Bildern arbeiten.

MALE DEIN LIEBLINGSTIER IN FARBE

ÜBUNG

Hast du Lust auf Farbe? Dann malen wir jetzt zusammen dein Lieblingstier.

Bei dieser Maltechnik zeichnest du dein Motiv in mehreren Schritten. Erst ganz leicht mit Wasserfarben und dann später die Details mit Buntstiften und einem Fineliner. Klingt schwierig, ist es aber gar nicht. Wir machen das Schritt für Schritt zusammen.

MATERIAL

- Fotovorlage, auf der dein Motiv gut zu erkennen ist
- dickes Papier, zum Beispiel Aquarellpapier, das sich nicht so schnell wellt
- Bleistift und Radiergummi
- Wasserfarben und Pinsel
- Farbstifte
- Fineliner
- eventuell Tablet mit Zeichenprogramm

Die Vorlage von Kater Pietz findest du im Download-Material.

Und so geht es

1. **Suche dir eine Vorlage oder fotografiere sie selbst**
Gute Motive findest du überall – in Büchern, Zeitschriften oder auf deinen Postern. Wenn du dein eigenes Haustier malen willst, fotografiere es mit Smartphone oder Tablet. Jetzt kannst du genau den Fotoausschnitt auswählen, der dir am besten gefällt.

2. **Zwei Arten von Vorzeichnungen: Papier oder Tablet**
Wie du eine Figur Schritt für Schritt direkt auf Papier abzeichnest, hast du schon auf Seite 040 geübt. Die Vorzeichnung kannst du aber auch mit dem Tablet erstellen. Probiere beide Wege aus, und teste, mit welcher Methode du deine Vorzeichnungen lieber machst.

Kater Pietz, der sich gerade in eine Decke kuschelt.

*Ein Trick zum Abzeichnen auf dem Tablet: In einem Zeichenprogramm (wie Procreate) kannst du mit **Ebenen** arbeiten. Das ist sehr praktisch, weil du so einzelne Ebenen ein- und ausblenden kannst. Auf Ebene 1 liegt das Foto, und auf Ebene 2 machst du deine Vorzeichnung, indem du die Grundformen nachzeichnest.*

*Wenn du mit der Vorzeichnung fertig bist, kannst du die Ebene mit dem Foto **ausblenden**. So bleiben nur die Umrisslinien auf Ebene 2 zurück.*

3. **Tablet: Grundformen durchpausen**
Wenn du auf dem Tablet vorgezeichnet hast, wollen wir jetzt trotzdem aufs Papier wechseln. Das geht so: Tablets und Smartphones leuchten. Legst du ein Papier auf das Display, scheinen die Umrisslinien durch, und du kannst sie ganz leicht abpausen. Aber Vorsicht: Drücke nicht zu stark, damit du die Linien später wegradieren kannst.

Wo soll dein Motiv sein: In der Mitte oder lieber an der Seite? Kater Pietz liegt genau in der Mitte.

4. **Farbe kommt ins Bild**
Guck dir deine Vorlage genau an. Wie sehen Fell, Feder oder die Haut aus? Welche Farben sind es? Wo hat dein Tier Muster, Flecken oder Streifen? Wo sind Licht und Schatten?

Misch dir mit Wasserfarben die passenden Farben, und verdünne sie dann weiter. Jetzt malst du mit einer dünnen Farbschicht alle Bereiche an, die später dunkel oder farbintensiv sind. Lass die Farbe gut trocknen.

Der Kater hat ein lustiges Fellmuster. Darum bekommen alle dunklen Flecken eine dünne Schicht graue Farbe.

> **Tipp**
> Zeichne nicht nur das Tier, sondern auch die Umgebung mit, wenn du diese später mit auf deinem Bild zeigen möchtest. Das macht dein Bild komplett.

5. Schichtweise Licht und Schatten

Male nun immer mehr dünne Farbschichten übereinander. Wo viel Licht ist oder die Oberfläche hell aussieht, kommt nur wenig Wasserfarbe hin. Kräftige Bereiche und Schattenflächen kannst du häufiger übermalen.

Dir wird auffallen, dass Fell, Gefieder oder Haut mit jeder Farbschicht dichter und dunkler wirken. Gleichzeitig entstehen durch die vielen Farbschichten sehr schöne Licht- und Schatteneffekte.

Dieser Schritt dauert ein bisschen, weil jede einzelne Schicht trocknen muss.

> **–> Tipp <–**
>
> Falls sich dein Blatt durch das Wasser ein bisschen wellt, ist das nicht schlimm. Warte, bis dein Blatt getrocknet ist, und lege dann ein schweres Buch auf das Papier. So presst du das Blatt durch das Gewicht wieder flach.

6. Hebe schöne Details mit Buntstiften hervor

Was gefällt dir am besten an deinem Tier? Sind es die Augen? Oder die weiche Schnauze? Genau diese besonderen Details zeichnest du nun mit den Buntstiften nach. Die restlichen Bereiche bleiben einfach so, wie sie sind.

Erinnerst du dich noch, wie du mit unterschiedlichen Schraffuren ganz verschiedene Oberflächen zeichnen kannst (Seite 036)? Dieses Wissen kannst du jetzt nutzen, damit dein Fell schön plüschig oder der Schnabel ganz glatt aussieht.

Augen, Fellstruktur und ein wenig Farbe für die Kuscheldecke werden detailliert gezeichnet.

7. **Zeichne die Outline mit dem Fineliner nach**
Fast fertig! Ganz zum Schluss kannst du mit einem schwarzen oder dunklen Fineliner die Außenlinien nachzeichnen.

Schnurrhaare, Wimpern oder einzelnen Haare kannst du ebenfalls toll mit einem Fineliner einzeichnen.

–> Gemeinsam kreativ sein <–

Zu zweit oder zu dritt macht Malen noch viel mehr Spaß. Lade deine Freunde und Freundinnen ein oder frage deine Geschwister, ob sie mitmachen wollen, und malt zusammen eure Lieblingstiere.

ZEICHNE DEIN EIGENES LOGO

ÜBUNG

055

Hast du Lust, dein eigenes Logo zu gestalten? Für dich, dein Hobby oder dein neues Kreativprojekt?

Du kannst jetzt schon alles, was du dafür brauchst! Du weißt, wie man ein Objekt in seine Grundformen zerlegt, eigene Figuren zeichnet und mit Farben spannende Kontraste erzeugt.

MATERIAL

- Fotovorlage
- Papier
- Bleistift für die Skizze
- Farbstifte oder Marker, um dein Logo einzufärben
- alternativ auch ein Tablet

Und so geht es

1. Suche dir eine gute Fotovorlage für dein Logo
Deine Fotovorlage kann ein Tier, eine Pflanze oder auch ein anderer Gegenstand mit einfachen Formen sein.

© Boris Smokrovic, Unsplash

Der *Eisvogel* zählt zu den besonders schönen einheimischen Vögeln. Mit seinem leuchtenden Gefieder und seiner klaren Form eignet er sich sehr gut als Vorlage für ein Logo. Ihn findest du auch im Download-Material.

2. Guck dir deine Vorlage genau an
Aus welchen Grundformen ist dein Motiv aufgebaut? Skizziere dir diese Grundformen auf ein Blatt Papier.

Kopf und Körper haben eine Kreisform. Der Schnabel und die Schwanzfedern sind dreieckig. Die Flügel bestehen aus einer Mischform von Kreis und Dreieck – oben rund und am Ende spitz zulaufend.

3. Mit welchen Farben willst du das Logo gestalten?
Soll dein Logo zart und leicht aussehen oder darf es knallig, auffällig und mit einem starken Kontrast sein?

Eisvögel haben eine charakteristische Gefiederfarbe: Türkisblau auf Kopf und den Flügeln, orangerot am Bauch, im Gesicht und an der Schwanzunterseite.

Türkis und Orange liegen sich im Farbkreis genau gegenüber. Dieser starke Komplementärkontrast passt sehr gut zu unserem leuchtenden Eisvogel-Logo.

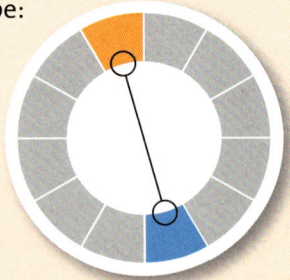

4. Zeichne eine Outline um die großen Grundformen
Mit der Außenlinie bekommst du den ersten Entwurf für das Aussehen deines Logos. Du kannst die Grundformen deiner Vorlage auch abpausen, dann geht es leichter.

Kopf, Körper, Schwanz und Flügel ergeben zusammen die erste Grundform für das Logo.

5. Gib deinem Motiv seine Grundfarben
Zeichne nun die Grundfarben ein. Bleibe dabei klar, dein Logo soll ein echter Hingucker werden.

Der Körper bekommt ein sattes Orangerot als Hauptfarbe, die Flügel das leuchtende Türkis.

6. Ergänze die mittelgroßen Formen

Nun kommen die ersten Details dazu. Zeichne dafür weitere mittelgroße Formen in deinen Logoentwurf ein.

Mit einem Schnabel, dem Auge und der Kappe sieht das Logo immer mehr wie ein echter Eisvogel aus.

7. Gibt deinen Details ihre Farben

Noch deutlicher wird das Design, wenn du auch die ersten Details kolorierst.

Schnabel und Augen werden schwarz oder braun, die Kappe ebenfalls türkisblau.

8. Zeichne die kleinen Formen und Details ein

Jetzt fehlen noch die kleinen Details, die deinem Logo seinen besonderen Charakter geben. Bewahre dein fertiges Logo gut auf. Später auf Seite 117 brauchst du es noch einmal für das Thema Plakatdesign.

So sieht das fertige Logo aus, wenn du dir nur die Outlines anguckst.

Das finale Eisvogel-Logo in leuchtenden Farben.

FÜR PROFIS: ZENTRALPERSPEKTIVE

Es gibt Gemälde und Zeichnungen, auf denen Gebäude, Stadtansichten, Straßen oder ganze Landschaften zu sehen sind, die wie echt aussehen. Aber wie funktionieren diese realistischen Abbildungen?

Das Geheimnis ist die Perspektive. Dabei erscheinen die Objekte, die ganz nah sind, größer als die Objekte, die weiter hinten im Bild zu sehen sind. Dadurch denkst du, dass du tatsächlich viele hunderte Meter in die Tiefe gucken kannst, obwohl dein Blatt Papier völlig flach ist.

MATERIAL

- Blatt Papier
- Bleistift
- Lineal
- Farbstifte

Natürlich sind die Bäume in der Realität alle gleich groß. Aber durch die Perspektive erscheinen die Bäume im Vordergrund viel größer als die Bäume am Ende der Straße.

Diese einfachste Form der perspektivischen Verzerrung nennt sich Zentralperspektive. Zentral deshalb, weil du direkt auf einen Punkt am Horizont guckst, wie im Fotobeispiel oben. Dieser Punkt wird Fluchtpunkt genannt. An diesem Punkt sind alle Objekte auf deinem Bild ausgerichtet.

Damit die Zentralperspektive auch bei deinen Bildern funktioniert, brauchst du einen Trick. Am besten zeichnest du das Beispiel einmal Schritt für Schritt nach, dann merkst du, dass es nicht schwer ist und richtig toll aussieht.

Und so geht es: Zentralperspektive zeichnen

1. Horizont und Fluchtpunkt zeichnen

Zeichne zuerst den Horizont als Linie auf dein Blatt. Am besten auf der oberen Hälfte des Blattes, damit du genügend Platz für deine Objekte hast. Markiere dir dann auf der Horizontlinie, wo der Fluchtpunkt sein soll, auf den du guckst.

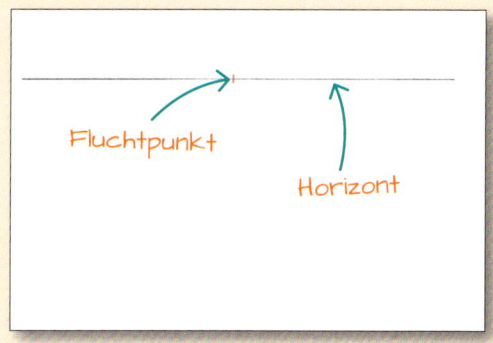

2. Die Vorderseite deiner Objekte

Zeichne jetzt auf den Boden unter der Horizontlinie die Teile deines Objekts ein, auf die du direkt von vorne guckst. Das sind die Vorderseiten deines Objekts. In unserem Beispiel sind das lediglich zwei einfache Rechtecke in unterschiedlicher Größe.

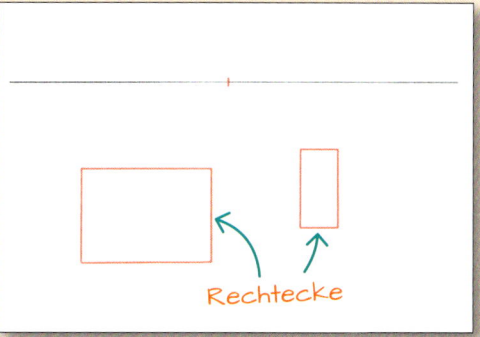

3. Perspektivische Hilfslinien vom Fluchtpunkt aus

Jetzt zeichnest du dir Hilfslinien für deine richtige Perspektive ein. Verbinde dafür den Fluchtpunkt jeweils mit den drei näher liegenden, äußeren Ecken deiner Rechtecke. Später radierst du sie wieder weg, darum macht es nichts, wenn du die Hilfslinien ein wenig länger zeichnest.

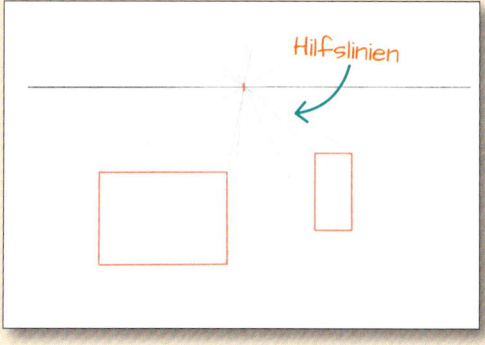

4. Die hinteren Außenkanten zeichnen

Jetzt zeichnest du parallel zu der Vorderseite auch hinten die Außenkanten deiner Rückseite ein. Achte darauf, dass du genau zwischen den Hilfslinien bleibst. Tipp: Je weiter nach hinten du die Außenkanten setzt, desto länger wirkt dein Objekt.

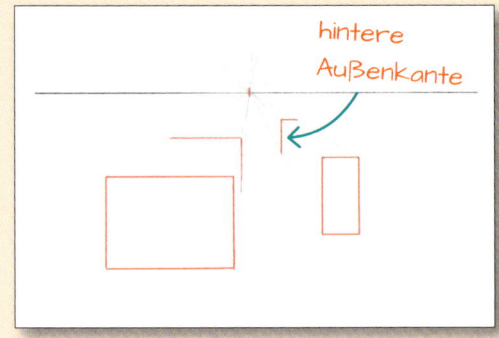

5. Seitenkanten und Details für dein Objekt

Nun verbindest du die Vorderkanten mit den hinteren Kanten. Deine Seitenkanten sind dabei genau auf den Hilfslinien. Wenn du willst, kannst du nun die Hilfslinien wegradieren und die Flächen deines Objekts einfärben oder mit Details verschönern.

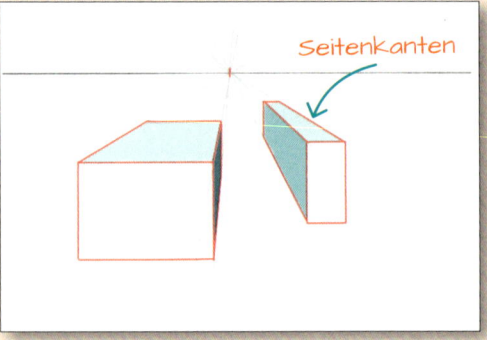

6. Eine praktische Anwendung

Magst du Geschenke? Die kannst du ganz schnell aus deinen beiden gezeichneten Quadern zaubern. Füge dafür noch Schleifenband, eine Schleife und ein paar schöne Muster auf dem Geschenkpapier hinzu.

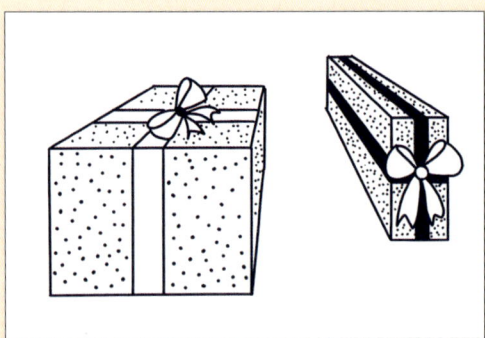

-> für Profis: Perspektive für schräge Objekte <-

Beim Download-Material gibt es auch noch eine Übung zum Zeichnen von schrägen Objekten. Sieh sie dir einmal an.

Für Profis: Von Vögeln, Fröschen und der Normalperspektive

Auf welcher Höhe liegt der Horizont in deinem Bild? Das hat einen wesentlichen Einfluss auf die Wirkung deiner Zeichnung.

Der Horizont in deinem Bild entspricht immer der Augenhöhe der Betrachterin oder des Betrachters.

→ Stand die Person auf einem hohen Gebäude?
→ Lag sie am Boden im Gras?
→ Ging sie einen ebenen Weg entlang?

Das kannst du allein durch die Höhe deiner Horizontlinie festlegen. Es gibt drei Arten der Perspektive. Beispielfotos für die Perspektiven findest du auf Seite 197.

Vogelperspektive

Als Vogel oder wenn du sehr hoch auf Gebäuden stehst, guckst du von oben auf die Objekte herunter. Darum wird die Perspektive, bei der die Horizontlinie sehr hoch im Bild liegt, als Vogelperspektive bezeichnet.

Normalperspektive

Guckt man als Betrachter*in etwa mittig auf den Horizont, spricht man von der Normalperspektive. Hier liegt das Objekt gleichmäßig über und unter der Horizontlinie, die in der Mitte des Blattes ist.

Froschperspektive

Kleine Tiere wie Frösche gucken immer von unten zu den Objekten hoch. Die Horizontlinie ist tief unten im Bild, und das Objekt liegt größtenteils über dem Horizont. Das ist die Froschperspektive.

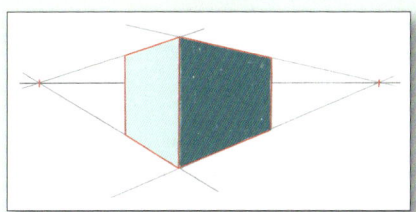
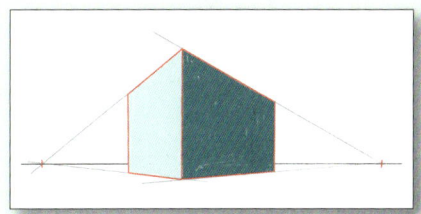

— Kapitel 3 —

Deine Handlettering-Werkstatt

Schrift brauchst du nur, um schnell deine Ideen festzuhalten? Weit gefehlt! Denn mit Schrift und Buchstaben kannst du inspirierende Designs und kreative Projekte gestalten.

© Estée Janssens, Unsplash

Grundlagen für dein Handlettering

> Wenn jeder Buchstabe wie gemalt wirkt und Worte wie kleine Kunstwerke aussehen, dann sind wir im wunderschönen Handlettering.

Ohne weiter darüber nachzudenken, schreibst du den ganzen Tag. Hier eine kleine Notiz, da eine Erinnerung an eine Verabredung oder ein Eintrag in dein Journal. Und da sind deine ganzen Mitschriften aus der Schule noch gar nicht dazugezählt. Schnell kommen täglich seitenweise Texte zusammen.

Wie cool wäre es da, wenn du *Techniken und Kniffe* kennen würdest, um diese vielen Texte schöner, interessanter und vor allem kreativer zu machen? Handletterings sind dafür perfekt geeignet. Wie du aus deinen Buchstaben und Worten individuelle Unikate machst, das zeige ich dir jetzt. Bühne frei für deine Handletterings!

Beim Handlettering starten wir ganz neu bei null. Vergiss alles, was du schon über das Schreiben weißt, denn jetzt geht es nur noch um die *Form der Buchstaben*. Das bedeutet auch, dass du dir für jede Linie und jede Form beim Handlettering Zeit nimmst. Jeder Buchstabe ist eine kleine eigene Zeichnung. Guck genau hin, und lass dich von der Schönheit der Buchstaben begeistern.

Mit Handlettering ist nicht deine Handschrift gemeint. Beim normalen Schreiben konzentrierst du dich ganz auf den Inhalt deiner Worte und nicht darauf, dass dein kleines »a« eine schöne runde Form hat.

Beim Handlettering zählt jeder einzelne Bogen und jede Linie.

Handlettering macht viel Spaß. Das Beste ist, dass du keine besonderen *Stifte* brauchst, um loszulegen. Feinliner, Filzstifte, Kugelschreiber oder ein Bleistift aus deiner Federtasche – jeder dieser Stifte ist gut geeignet. Nimm einfach deinen Lieblingsstift.

Das sind die Stifte, die ich für die Handletterings in diesem Buch verwendet habe: Bleistift in HB, Fineliner in verschiedenen Farben, Filzstifte mit dünner Spitze, Marker mit breiter Spitze und Brushpens mit einer Pinselspitze.

Bevor es losgeht und du mit den spannenden Aufgaben und Beispielen in diesem Kapitel beginnen kannst, starten wir mit deiner richtigen Handhaltung.

Du verkrampfst schnell, deine Hand tut dir weh? **Du hältst zu fest!** Versuche, deine Hand nicht zu steif zu halten, um die perfekte Linie zu zeichnen. Perfektion ist gar nicht nötig. Beim Handlettering geht es um deine Ideen und den Ausdruck, den du haben willst. Schüttle deine Hand immer wieder aus, und versuche, sie lockerer zu halten.

Deine Hand ist zu weit in der Luft und du verlierst ständig den Kontakt zum Blatt? **Du hältst den Stift zu locker.** Die Buchstaben beim Handlettering wirken leicht und luftig, brauchen aber beim Zeichnen eine gute Verbindung zwischen Papier und Stift. Versuche den Stift weiter unten anzufassen und deine Hand beim Lettern locker aufzulegen.

MUSTER UND FORMEN ZUM AUFWÄRMEN

Beim Handlettering ist es ein bisschen wie beim Sport. Du musst dich und deine Hand aufwärmen. Denn es ist gar nicht so einfach, lockere Striche und Formen zu zeichnen.

Wir starten mit einfachen Schwungübungen für das Handlettering. Erst stehen die Symbole und Zeichen noch allein, aber später kannst du dir daraus tolle Muster, Hintergründe oder Verzierungen zeichnen.

MATERIAL

- ein paar Blätter Papier
- Bleistift
- Farbstifte

UND SO GEHT ES

1. Du zeichnest einfache Formen
Zeichne als Erstes die folgenden Kurven, Winkel, Halbkreise und Linien ab. Die Formen sehen ganz einfach aus, können aber sehr viel, wie du später in diesem Kapitel noch sehen wirst.

2. Nun folgen Kreise
Zeichne zwei Reihen von lockeren kleinen Kreisen, die alle in etwa gleich groß und auf einer Höhe sind.

3. Probiere, Linien zu zeichnen
Jetzt kommen kleine kurze Linien. Nicht schummeln! Achte darauf, dass die Linien gerade und gleichmäßig sind.

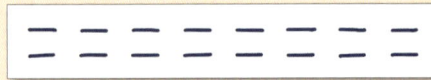

Muster und Formen zum Aufwärmen – 067

 4. Größenunterschiede zeichnen
Jetzt ist deine Hand schon gut aufgewärmt. Kannst du die ersten Formen auch in verschiedenen Größen und Dicken zeichnen?

Jetzt bist du dran

Suche dir ein bis drei Formen aus und mixe sie so, dass sie zu einem kleinen Zeichen werden, das du schön findest. Wiederhole jetzt dein kleines Zeichen so oft nebeneinander, dass ein richtiges Muster entsteht.

Du kannst dein fertiges Muster in schmale Streifen scheiden, daraus eine Collage machen oder die Streifen als Lesezeichen benutzen. Oder du machst aus deinem Musterblatt eine Karte und schreibst etwas Schönes auf die Innenseite.

 Ausprobiert

Wie viele unterschiedliche Muster fallen dir ein? Das hier sind die ersten Designs, die Lene zusammen mit ihrer Freundin entworfen hat. Die sehen schön aus!

BUCHSTABEN ZEICHNEN

Buchstaben sind keine komplexen und in sich geschlossenen Formen, wie man immer denkt. Sie sind viel mehr wie ein Puzzle aus Linien, Kurven und Kreisen.

Beim Handlettering konzentrierst du dich auf einzelne Puzzleteile, aus denen die Buchstaben bestehen. Du zeichnest jede Form einzeln und baust daraus die schönen Buchstaben und Worte zusammen. Hier sehen wir uns eine einfache serifenlose Schrift an (siehe Seite 127).

ÜBUNG

MATERIAL

- Übungsblatt mit den Hilfslinien von der Website zum Buch
- Fineliner in zwei Farben oder dünne Filzstifte

Siehst du die blauen und grünen Formen oben in den Buchstaben? Guck dir zuerst die blauen Formen an und dann die grünen. Hast du bemerkt, dass alle diese Formen, einzeln betrachtet, genau das gleiche Aussehen haben wie die Muster in der Aufwärmübung auf Seite 066?

–> Lettering mit zwei Farben <–

Gerade zu Beginn ist es gar nicht so einfach, die einzelnen Buchstaben sauber zu zeichnen. Viel leichter geht es, wenn du mit zwei Farben, wie hier zum Beispiel Grün und Blau, letterst.

UND SO GEHT ES

1. Buchstaben durchdenken
Probiere es einmal selbst aus. Erinnere dich an die einzelnen Linien, Kurven und Kreise, und setze die Buchstaben und Zahlen Form für Form zusammen.

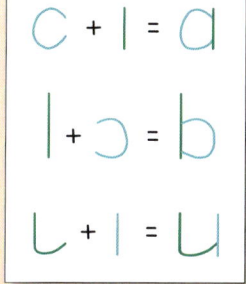

Hast du bemerkt, dass sich die Formen wiederholen?

2. Lettere die Kleinbuchstaben
Zeichne das Alphabet in Kleinbuchstaben Form für Form nach. Arbeite nicht zu schnell, und pass auf, dass du nicht aus Gewohnheit die Buchstaben wie in deiner normalen Handschrift schreibst. Das hier ist nicht deine Handschrift, sondern dein Handlettering, und das baust du wie ein Puzzle zusammen.

3. Lettere die Großbuchstaben und Zahlen
Wenn du die Kleinbuchstaben ausprobiert hast, kannst du die gleiche Technik auch für die Großbuchstaben und für Zahlen benutzen. Prima, jetzt kannst du schon die Grundlagen für das Handlettering!

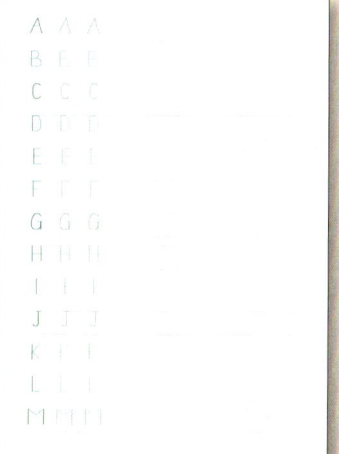

Lade dir die Vorlage herunter.

Buchstaben verändern durch die Strichdicke

> Im Handlettering ist jeder einzelne Buchstabe ein Kunstwerk. Es gibt keine Vorschriften dafür, wie die Buchstaben aussehen müssen.

Buchstaben können lang und hoch sein oder ganz rund und klein. Oder magst du dein Wort ganz breit mit dicken Linien? Alles ist erlaubt. Das ist ja das Interessante, denn so kannst du mit jedem einzelnen Wort experimentieren. Einer der besten Tricks, um deinen Buchstaben ein besonderes Aussehen zu geben, ist das Verändern der Strichdicke. Schau dir einmal die folgenden drei Wörter an. Siehst du, dass hier mit dünnen und dicken Linien gespielt wird?

Sommer

Hier hat das Wort schmale Linien.

Sommer

Die Strichstärke beeinflusst, wie breit die Wörter sind.

Hier sind die Linien viel dicker, und das Wort sieht viel breiter aus.

Sommer

Besonders schön sieht diese Version aus, denn hier wechseln sich schmale und breite Linien ab.

Für diesen Effekt brauchst du keinen besonderen Stift, sondern nur einen Trick. Guck genau hin, und erinnere dich an die Einzelformen, aus denen alle Buchstaben zusammengesetzt sind. Dick sind immer die Linien, die von oben nach unten zeigen. Dünn sind die Linien, die von links nach rechts geschrieben werden. Machen wir zusammen eine Übung dazu.

Dein Name als Handlettering

Als erstes Handlettering erlernst du diese klassische Schrift. Sie ist für viele Zwecke geeignet, sehr klar und trotzdem einfach zu lettern. Wir starten mit deinem Namen!

Mit dieser leichten Übung wird dein Name zu einem Kunstwerk. Du kannst aber auch den Namen deines Freunds, deiner Schwester oder deines Haustiers lettern. Oder du wendest diese Schrift noch kreativer an: Überrasche deine Freundinnen und Freunde bei deiner nächsten Geburtstagsparty, indem du für alle kleine Namensschilder letterst. Du kannst mit der Schrift auch kleine Fähnchen designen, die toll in Muffins aussehen.

Übung

Material
- Papier
- Stift in deiner Lieblingsfarbe

Schon mit einer einfachen Lettering-Schrift kann man beeindruckende Ergebnisse erzielen.

Und so geht es

1. **Schreibe dein Wort mit breiten Buchstaben auf**
Die Buchstaben sollen ein bisschen breiter laufen. Zwischen den Buchstaben lässt du kleine Lücken, damit du genügend Platz für die breiten Striche hast.

2. **Jetzt solltest du die Linien verdoppeln**
Wo hast du Linien von oben nach unten gezeichnet? Hier setzt du jetzt eine zweite Linie genau daneben.

3. **Verbinde jetzt die doppelten Linien miteinander**
Schließe die beiden parallelen Linien bei jedem Buchstaben. Jetzt sieht man gar nicht mehr, dass du die zweite Linie nachträglich eingezeichnet hast.

4. **Jetzt füllst du die Leerräume mit Farbe**
Male die weißen Flächen aus. Fertig! Man nennt diese Art zu lettern auch »Faux Calligraphy«, das heißt so viel wie »nachgemachte Kalligrafie«.

–> Profitipp <–

Achte darauf, dass die zweite Linie genau die gleiche Form hat wie die erste. Ist die erste Linie rund, muss es die zweite auch sein. Ist sie gerade, dann darf auch die zweite Linie gerade sein.

Gib deinen Buchstaben eine schöne Form

Schmal oder breit? Lang oder kurz? Rund oder eckig? Es gibt keine Regeln für die richtige Form – alles ist erlaubt. Mach doch mal etwas ganz Neues.

Wie ein Wort aussieht, kannst du beim Handlettering nicht nur durch die Strichdicke bestimmen. Du kannst auch die ganze Form der Buchstaben verändern.

Wenn du Buchstaben zeichnest, gibt es drei wichtige Linien, die dir dein Handlettering leichter machen. Die Grundlinie ist der Boden, auf dem alle Buchstaben beginnen. Die Oberlinie, auch Versallinie genannt, zeigt, bis wo die Buchstaben nach oben reichen. Dazwischen liegt die Mittellinie, die zeigt, bis wo die kleinen Buchstaben reichen und wo die Buchstabenmitte geschrieben wird.

Ein Wort sieht besonders schön und gleichmäßig aus, wenn alle Buchstaben auf den gleichen Linien aufhören.

Das muss aber nicht bedeuten, dass die Mittellinie auch genau in der Mitte ist. Wie gefällt es dir, wenn die **Mittellinie viel höher und viel tiefer** sitzt?

Zu Beginn habe ich auch gesagt, dass deine Handschrift und dein Handlettering ganz verschieden sind. Erinnerst du dich? Vielleicht ist deine Handschrift eher rund und klein, dann probiere jetzt einmal eckige und große Buchstaben. Oder mix die verschiedenen Stile. Das ergibt großartige Designs!

BUCHSTABENFORM VARIIEREN

ÜBUNG

Um zu erkennen, welche Form deine Buchstaben normalerweise haben, gibt es einen einfachen Trick: Den Kastentrick.

Stell dir vor, du schreibst ein Wort in Druckbuchstaben und zeichnest ein Kästchen um jeden Buchstaben. Wie sehen deine Kästen aus? Sind deine Buchstaben eher hoch oder quadratisch? Probiere es aus.

MATERIAL
- Papier
- Bleistift und Radiergummi
- Fineliner

Und so geht es

1. Wort schreiben und umranden
Schreibe mit einem Bleistift ein Wort in deiner normalen Buchstabenform. Ziehe um jeden Buchstaben einen Rahmen mit einem Fineliner.

2. Umrandung ansehen
Radiere nun die Buchstaben aus, und du erkennst die Buchstabenform.

3. Kästen für schmale Form
Wenn du eine neue Form testen möchtest, kannst du dir für den Start auch zuerst die Kästchen aufmalen und dann die Buchstaben einzeichnen.

Versuche es mal mit einer schmalen, hohen Form.

4. Buchstaben in Form füllen und Kästen wegradieren

Zeichne jede Linie und Form langsam, und baue dir so Stück für Stück deinen neuen Buchstaben auf. Tipp: Stell dir vor, jeder Buchstabe würde von einem Kran in die Höhe gezogen werden und darum schon ganz lang und dünn aussehen.

5. Kästen für breite Form

Wenn die großen schmalen Buchstaben gut klappen, kannst du dir die kleinen Buchstaben vornehmen.

6. Buchstaben einzeichnen und Kästen wegradieren

Zeichne die einzelnen Formen ruhig ein bisschen zu breit, dann wirken sie besonders klein und gedrungen. Die Buchstaben sehen aus, als würden sie von einem schweren Gewicht zusammengedrückt.

—> *Du kannst schon viel!* <—

Beim Handlettering kannst du deiner Fantasie freien Lauf lassen. Jedes Wort kann anders aussehen. Dafür kennst du jetzt schon viele Möglichkeiten, um deine Buchstaben zu gestalten:

- dicke und dünne Striche
- eine hohe oder tief gesetzte Mittellinie
- eine hohe, mittlere oder niedrige Gesamtform

Schrift mit Verzierungen

> Jetzt kommt noch eine weitere Möglichkeit hinzu, die ich dir zeigen möchte: Verzierungen, die du auf deine Buchstaben setzen kannst.

Bei Verzierungen wird nicht die Form der Worte verändert, sondern die Buchstaben bekommen kleine Muster und Schmuckelemente. Du kannst Linien, Punkte und Muster in die Buchstaben malen. Benutze einmal mehrere Farben. Oder verziere deine Worte mit kleinen Symbolen, wie Kreisen oder Herzen. Lass dich von den folgenden Beispielen inspirieren.

Setze mit einem weißen Stift Schatten auf deine Buchstaben.

Denke hier an den Lichteinfall. Die Linien sind auf der Schattenseite.

Schatten kannst du auch andeuten, indem du auf einer Seite der Buchstaben die Linien mit einem helleren Stift leicht versetzt wiederholst.

Warum nicht einfach mal Punkte in deine Buchstaben einfügen?

Hierfür eignet sich die Schrift von Seite 072.

Auch Streifen können schön deine Schrift gestalten.

Verändere die Enden deiner Buchstaben. Das geht nicht nur mit Kreisen, auch Herzchen, Blumen, Dreiecke und vieles mehr kannst du hier ausprobieren!

Du kannst deine Buchstaben auch mit mehreren Farben gestalten. Wähle harmonische Farben (wie hier) oder auch Komplementärfarben, dann wird es knalliger.

Auch mit Kleinbuchstaben sehen Handletterings großartig aus.

Serifenschriften erkennst du an den kleinen Strichen, mit denen jede Buchstabenlinie endet. Die Füßchen geben deinen Worten einen stabilen Stand und sehen interessant aus.

⭐ Ausprobiert

Pia hat eine Schrift mit Blättern ausprobiert. Du siehst, dass man mit kleinen Details schon eine große Wirkung erzielen kann.

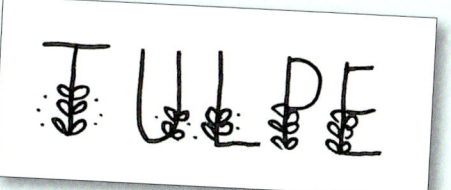

BRUSHLETTERING: SCHREIBEN WIE MIT EINEM PINSEL

Jetzt möchte ich dir noch einen anderen tollen Stift vorstellen, mit dem du großartige Effekte und Letterings gestalten kannst. Das ist der Brushpen.

MATERIAL
- Brushpen
- Übungsblatt für die Brushpen-Linien

Erinnerst du dich noch daran, dass ich am Anfang des Kapitels gesagt habe, dass man mit jedem Stift tolle Handletterings gestalten kann? Hast du deine verschiedenen Lieblingsstifte ausprobiert? Prima. Dann weißt du jetzt, dass es beim Handlettering gar nicht auf die Stifte, sondern auf deine Ideen und die Technik ankommt. Mit dem Brushpen kannst du aber noch einmal neue Techniken ausprobieren.

Das Besondere an Brushpens ist, dass sie keine normale feste Spitze haben, sondern einen Pinsel.

Du kannst damit kleine dünne Linien zeichnen, wenn du nur ganz wenig aufdrückst und nur die oberste Spitze benutzt. Oder auch dicke und breite Linien, wenn du stark aufdrückst und die ganze Pinselbreite auf dem Papier aufkommt. Du kannst aber auch den Druck wechseln und so spannende Effekte erzeugen.

Um den Brushpen zu beherrschen, solltest du zunächst ein paar Übungen zeichnen. Wenn du das öfter machst, wirst du die spannenden Brush-Schriften bald ganz automatisch lettern können. Nimm dir ein Skizzenpapier, und probiere den Brushpen aus. Denke daran: Du musst deinen Letter-Muskel trainieren!

Und so geht es

1. **Übungsblatt herunterladen**
   Lade dir das Übungsblatt herunter, und drucke es auf stabilem Papier aus.

2. **Zeichne die Linien mit dem Brushpen nach**
   Zeichne die Linien nach, und achte dabei auf die unterschiedliche Strichstärke. Spiele auch mit dem Druck und schau, wie verschieden die Linien aussehen können. Drücke zunächst nur leicht, damit du dünne, zarte Striche zeichnest. Übe nun viel mehr Druck aus, um schöne breite Linien zu bekommen.

Das Nachzeichnen klappt? Sehr gut, dann probiere einmal, zwischen beiden Linienstärken hin- und herzuwechseln, so dass eine Wellenlinie entsteht.

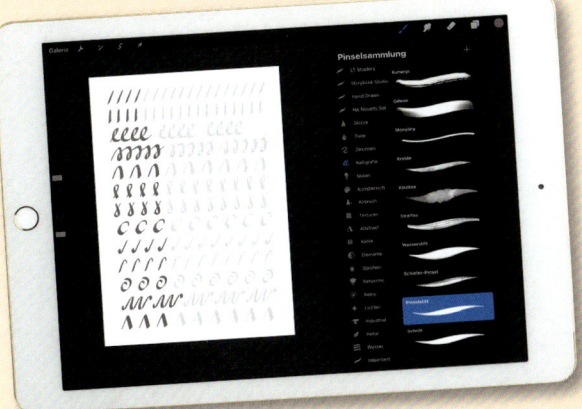

Falls du Procreate auf dem iPad installiert hast, findest du hier auch Stifte, die wie ein echter Brushpen funktionieren. Es gibt in der **Pinselsammlung** *ganz viele verschiedene Stifte, Pinsel und Strukturen. Für die Brushpens eignet sich zum Beispiel der Pinselstift in der Kategorie Kalligrafie.*

BUCHSTABEN MIT DEM BRUSHPEN ZEICHNEN

Nachdem du dich ein bisschen mit dem Brushpen vertraut gemacht hast, können wir uns an die Buchstaben wagen.

In der Übung auf Seite 072 hast du deinen Namen mit dicken und dünnen Linien gelettert. Striche, die von oben nach unten gezeigt haben, waren dick. Striche, die von links nach rechts zeigen, hast du dünn gezeichnet. Jetzt kannst du genau diesen Trick wiederholen, denn beim Handlettering mit dem Brushpen machst du genau das Gleiche.

MATERIAL

- Skizzenbuch oder Papier
- Übungsblatt für das Brushpen-Alphabet (du kannst es dir herunterladen)
- Brushpens

 Probiere es einmal selbst aus. Erinnere dich an die einzelnen Linien, Kurven und Schwünge, die du schon geübt hast, und setze die Buchstaben Strich für Strich zusammen. Wir nehmen uns zuerst den Buchstaben R vor, aber es funktioniert mit allen Buchstaben gleich. Lettere große Buchstaben, und versuche danach das Gleiche ganz klein. Du wirst sehen, wie es dir mit jedem R leichter fällt, die Strichstärken zu zeichnen, die du bekommen möchtest. Im zweiten Schritt kannst du das ganze Alphabet lettern.

UND SO GEHT ES

1. **Zeichne die erste Linie von oben nach unten**
Beginne frei und ohne Linien das R zu lettern. Teste im ersten Schritt nur die Art, wie sich die Linien durch deine Handhaltung und den Druck verändern.

Der Abstrich des R wird mit starkem bis mittlerem Druck gezogen. So wird er relativ dick.

2. Bogen lettern – Teil 1
Der Bogen des R besteht aus mehreren Teilstücken. Ziehe erst den oberen Bogen von links nach rechts. Der erste Teil ist eine dünne Linie. Drücke dafür nur leicht mit dem Brushpen auf das Papier.

3. Bogen lettern – Teil 2
Der zweite Teil der Rundung zeigt wieder von oben nach unten. Erhöhe jetzt den Druck, so dass der Strich breiter wird. Für das letzte Stückchen des Bogens nimmst du wieder weniger Druck, und die Linie wird zarter.

4. Lasse den R-Strich leicht auslaufen
Zum Schluss kommt noch die letzte Linie des R von der Buchstabenmitte nach rechts unten. Die Linie ist schief und darum weder dick noch dünn. Sie wird stattdessen langsam breiter. Hier kannst du von wenig Druck zu viel Druck beim Zeichnen wechseln, damit die Linie harmonisch aussieht.

5. Lettere das ganze Alphabet
Auf dem Übungsblatt findest du alle Buchstaben zum Nachzeichnen mit dem Brushpen. Die kleinen Pfeile helfen dir dabei, die Striche in der richtigen Richtung zu setzen.

—> *Lass dich nicht entmutigen!* <—

Das Handlettering mit dem Brushpen ist schwierig und schon etwas für echte Profis. Übe erstmal nur einzelne Buchstaben und dann das Alphabet. Schneller als du denkst schreibst du ganze Wörter mit dem Brushpen, und du wirst es lieben!

Aa Bb Cc Dd Ee
Ff Gg Hh Ii Jj Kk
Ll Mm Nn Oo Pp
Qq Rr Ss Tt Uu
Vv Ww Xx Yy Zz

Schmuckelemente für dein Handlettering

> Kombiniere deine Letterings mit schönen Verzierungen. Selbstgemachte Handletterings machen Einladungskarten, Poster, Tassen oder auch T-Shirts zu etwas Besonderem.

Du willst mehr! Dann füge deinem Handlettering noch Schmuckelemente wie Ranken, Linien, Pfeile oder Blütenmuster hinzu. So kannst du deine Letterings verschönern und kreative Ideen umsetzen. Gleichzeitig machen deine Schmuckelemente dein Lettering noch interessanter. Hier sind ein paar Ideen für dich.

Pfeile

Pfeile in allen Formen sind praktisch, und es gibt sie in unzähligen Varianten. Mit ihnen kannst du Hinweise zuordnen, Dinge verbinden oder einfach zeigen, was dir wichtig ist. Außerdem sehen sie cool aus, oder?

Trennelemente und Linien

Mit Trennelementen und Linien kannst du deine Designs verzieren. Diese Trenner hier sind nur eine kleine Auswahl. Daraus kannst du auch Rahmen zeichnen! In Kapitel 4 über Bullet Journals findest du auf Seite 099 noch viel mehr Beispiele.

Pflanzen

Du liebst die Natur und Pflanzen? Dann lass dich von diesen Illustrationen inspirieren. Die Blüten, Blätter und Kakteen eignen sich sehr schön für kleine Verschönerungen an deinen Handletterings.

Blätter und Blüten haben oft ungewöhnliche Formen. Guck dich beim nächsten Spaziergang einmal genau um!

Es gibt noch andere Schmuckelemente, beispielsweise Banner, Eckelemente und Schnörkel. Weitere Inspirationen dazu findest du im Bullet-Journal-Kapitel auf der Seite 099.

 Ausprobiert

Pia hat für ihr Bullet Journal einige Pfeile und Trennelemente gezeichnet. Und es gibt noch so viel mehr Ideen dazu!

EINE EINLADUNGSKARTE

Lass uns zusammen eine Einladungskarte für deine nächste Geburtstagsparty lettern.

Bei dieser Karte kannst du alle Techniken und Tricks benutzen, die du in diesem Kapitel gelernt hast. Hier mixt du die Größe und Form deiner Wörter und kombinierst Farben, die dir gefallen. Zum Schluss kannst du deine Einladungskarte und den Briefumschlag mit Mustern und Verzierungen schmücken.

Alternativ kannst du deine Einladungskarte natürlich auch auf dem iPad gestalten! Denke dann daran, immer mit mehreren Ebenen zu arbeiten – für jeden Schritt eine neue.

ÜBUNG

MATERIAL

- Farbstifte in Orange, Türkis, Dunkelblau, Lila und Weiß
- Lineal, Bleistift, Zirkel und Radiergummi
- Schmierpapier für deine Skizze
- dickeres Papier in A5 für die Karte (oder eine fertige weiße Einladungskarte)
- einen Briefumschlag

Und so geht es

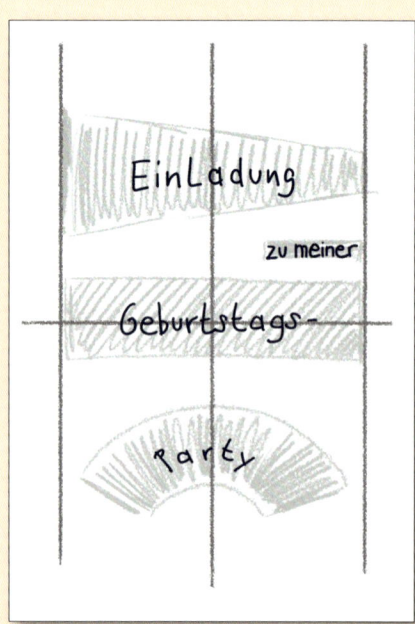

 Kleine Skizze für die Einladung
Wie willst du die Worte »Einladung zu meiner Geburtstagsparty« auf der Karte anordnen? Verteile die einzelnen Wörter gleichmäßig, und nutze die gesamte Fläche. Diese erste Skizze kann noch ganz kritzelig und einfach sein. Es geht nur um die Formen und die Aufteilung der Wörter auf der Karte. Vorsicht beim Wort »Einladung«, wir wollen es perspektivisch nach hinten kleiner werden lassen.

2. Hilfslinien übertragen

Übertrage jetzt die Hilfslinien für dein Handlettering von deiner Skizze auf das Papier der Einladungskarte. Am besten geht das mit *Bleistift und Lineal*, damit die Linien auch gerade werden. Für die Bögen kannst du einen Zirkel nehmen.

Vorsicht: Nicht zu sehr aufdrücken! Später wollen wir nämlich die Hilfslinien wieder wegradieren, damit unsere Einladungskarte ordentlich aussieht.

3. Das erste Wort ist »Einladung«

Erkennst du die Art, wie die Buchstaben gelettert sind? Genau wie bei der *Faux Calligraphy*, die wir auf Seite 072 geübt haben: von oben nach unten mit einem breiten Strich und von links nach rechts mit einem dünnen Strich.

Außerdem ist jeder Buchstabe ein bisschen kleiner als sein Vorgänger, so dass das Wort den Eindruck erweckt, als würde es *perspektivisch* nach hinten laufen.

4. Zweite Zeile lettern

Die beiden Wörter »zu meiner« letterst du in Großbuchstaben und einem *einfachen dünnen Strich*. Wie gefällt es dir, dass der erste Buchstabe in jedem Wort ein bisschen größer gezeichnet ist?

5. **Neue Schrift für »Geburtstags-«**
Der Wortteil »Geburtstags-« hat gleich zwei Besonderheiten. Er wird mit dem Brushpen gelettert und hat weiße Linien als *Verzierung*. Zeichne erst die Buchstaben, und setze dann mit einem weißen Stift die hellen Linien auf deine fertigen Buchstaben drauf. Tipp: Im Brushpen-Alphabet auf Seite 081 kannst du noch einmal nachgucken, wie die einzelnen Buchstaben gelettert werden.

Die weißen Linien sehen aus wie Lichtreflexionen.

6. **Nun folgt das Wort »Party«**
Die »Party« ist das Tollste! Darum soll dieses Wort auch auffällig in einem Bogen gelettert werden und darf sehr groß sein. Hast du die orangen Linien neben den Buchstaben gesehen? Die sehen aus wie *Schatten* und machen deine Party noch besser. Zeichne dafür neben jede erste Linie, die von oben nach unten reicht, eine kleine zusätzliche orange Linie.

7. **Hilfslinien entfernen und Verzierungen anbringen**
Dein Handlettering ist fast fertig! Jetzt kannst du alle Hilfslinien wegradieren. Wenn du Lust hast, kannst du dein Handlettering auch noch mit *Schmuckelementen* und Verzierungen verschönern, zum Beispiel Unterstreichungen oder Punkten zwischen den Buchstaben. Auch Trenner in Form von Punkten habe ich noch ergänzt.

8. Die Karte ist fertig

Diese selbstgemachte Einladungskarte ist einzigartig und eine kreative Überraschung für deine Freunde. Sogar den *Briefumschlag* kannst du mit deinem Lieblingsdesign und Mustern verzieren. Dann passt er perfekt zu deiner Handlettering-Karte.

–> Noch mehr Ideen <–

Du suchst noch Ideen für schöne Handletterings? Wie wäre es mit Sprüchen auf schönem Papier, Gläsern oder Windlichtern, mit Weihnachtskarten oder einem geletterten Jutebeutel? Es gibt ganz viele verschiedene Stifte, mit denen du auch auf Stoff, Glas oder sogar Metall lettern kannst.

— Kapitel 4 —

Deine Bullet-Journal-Werkstatt

Deine Tage sind voller Ideen und Ereignisse, an die du dich gerne lange erinnern möchtest. Aber in normalen Notizbüchern und Kalendern ist kein Platz dafür. Dann mach dir doch ein eigenes Notizbuch, das genauso bunt und kreativ ist wie du. Mach dir dein Bullet Journal!

Was ist ein Bullet Journal?

Ein Bullet Journal ist eine Mischung aus Notizbuch, Terminkalender und Tagebuch. Wenn es für dich ein wichtiges Thema ist, dann gehört es in dein Bullet Journal.

Für deine Hausaufgaben brauchst du ein Hausaufgabenheft. Die Geburtstage deiner Freunde und Freundinnen, deine Hobbys und deine Verabredungen schreibst du in einen Kalender. Für deine geheimen Gedanken, Ideen und Sorgen hast du ein Tagebuch. Und deine Zeichnungen und Fotos sammelst du dann noch in einem Skizzenbuch.

Ganz schön viele Hefte, findest du nicht auch? Wie wäre es, wenn du für alle diese Dinge ein einziges Buch hättest? Eines, das genau zu dir passt und so aussieht und aufgeteilt ist, wie du es selbst am liebsten hast? Klingt toll! Dann entwerfen wir jetzt zusammen dein eigenes Bullet Journal.

Der Name »Bullet Journal« kommt aus dem Englischen und bedeutet so viel wie »Tagebuch mit Stichpunkten«. Kariert, liniert, mit Punkten oder ganz in Weiß – du kannst jedes Notizbuch für dein Bullet Journal nehmen.

Sind dir die vielen kleinen Zeichnungen, Stempel, Sticker und Symbole aufgefallen? Du kannst dein Journal mit allem verzieren, was dir gefällt. Das peppt jede Seite auf und macht so viel mehr Spaß als reiner Text in einem Tagebuch!

Im Internet findest du viele Videos und Bilder von außergewöhnlichen Bullet Journals. Das kann eine schöne Inspirationsquelle sein. Es ist aber auch einschüchternd, wenn du siehst, wie ordentlich, gerade und perfekt gezeichnet die Bullet Journals aussehen. Da ist nirgends übergemalt, es gibt keine krummen Linien, und verschrieben hat sich auch keiner. Aber weißt du, was ich finde? Diese superperfekten Journals sind auch ein bisschen langweilig. Man sieht gar nicht mehr, wie es der Kreativen oder dem Zeichner ging, als er die Seite erstellt hat. Alles sieht gleich aus wie bei einem Computerausdruck. Da steht, dass es ein grauer, verregneter Tag war, an dem nichts geklappt hat, aber die Zeichnung ist ganz, ganz ordentlich, als wenn der Tag perfekt gewesen wäre. Für mich passt das nicht gut zusammen.

Jede Seite in deinem Bullet Journal kann anders aussehen. Mal ganz bunt und fröhlich und mal ganz schlicht und ohne viel Farbe.

Ich mag es viel lieber, wenn die Linien, Bilder und Verzierungen so aussehen, wie sich die Zeichnerin oder der Zeichner gerade fühlt. Wenn das Mädchen oder der Junge aufgeregt und voller Energie ist, können Schrift und Linien auch schnell, groß und aufgeregt sein. Die Farben dürfen bunt sein, und wenn sie vor Freude bei den vielen Bildern und Symbolen übergemalt haben, dann passt das zu ihrem Tag und dazu, wie es ihnen gerade geht. Manchmal ist man aber auch leise, müde oder traurig. Dann sind auch die Journalseiten so. Es gibt kaum Farben, der Autor oder die Autorin mag nicht zeichnen und schreibt nur wenige Worte. Beides ist völlig okay und passt viel besser als ein perfektes und immer gleich gezeichnetes Journal. Perfekt oder lieber unperfekt — was gefällt dir besser?

Leg dir ein eigenes Bullet Journal an

Zum Start reichen ein Notizbuch, einen Bleistift zum Vorzeichnen, einen Fineliner und ein paar bunte Stifte in deinen Lieblingsfarben schon aus. Los geht's!

Besonders beliebt bei Bullet Journals sind Notizbücher mit einem Pünktchenraster. Die Pünktchen sind ganz hell und helfen dir dabei, dass deine Striche und Wörter gerade werden – ganz ohne dicke, dunkle Linien. Gleichzeitig kann man die Pünktchen mit ein bisschen Abstand kaum noch sehen, so dass sie unter deinen Bildern und Zeichnungen nicht so auffallen. Du kannst aber auch mit Linien, Kästchen oder ganz weißem Notizpapier starten. Nimm die Lineatur, die dir am besten gefällt und mit der du gut arbeiten kannst. Für den Start brauchst du auch kein dickes, schweres Notizbuch mit vielen Seiten. Vielleicht hast du noch ein dünnes, unbenutztes A5-Heft aus der Schule? Das ist perfekt für den Anfang.

Ansonsten brauchst du als Material nicht viel. Bleistift und Radiergummi, ein Lineal, Farbstifte, Fineliner und dann vielleicht Stempel und Sticker oder Washi-Tapes zum Dekorieren.

Eine leere Seite lädt zum Gestalten ein. Leg los und hab Spaß!

Und das kannst du zum Beispiel in dein Bullet Journal eintragen:
- → eine Zusammenfassung von jedem Tag
- → eine Übersicht für deine Hobbys
- → eine Seite für die Klassenarbeiten
- → deine Geburtstagswünsche oder die deiner Freunde und Freundinnen oder deiner Familie
- → eine Seite für deine Geheimnisse, die du keinem anderen verraten möchtest
- → einen Laune-Checker (»Mood-Checker«) für jeden Tag
- → den tollsten Moment jedes Tages
- → deine aktuelle Lieblingsmusik
- → eine Liste, welche Bücher du lesen möchtest
- → eine Doppelseite für coole neue Kreativideen
- → eine Doppelseite für neue Handlettering-Schmuckelemente, die dir einfallen
- → Listen zum Abhaken für alles, was du dir vornimmst (zum Beispiel »Alle 2 Tage einen Workout machen«); das nennt sich Habit-Tracker.

⭐ Ausprobiert

Pia hat in ihrem Bullet Journal einen sogenannten Habit-Tracker. Sie streicht an, wie oft sie tatsächlich den Workout gemacht hat, den sie sich vornimmt. Beeindruckend! Und sie hat ihre momentane Lieblingsmusik und die besten Fernsehsendungen eingetragen.

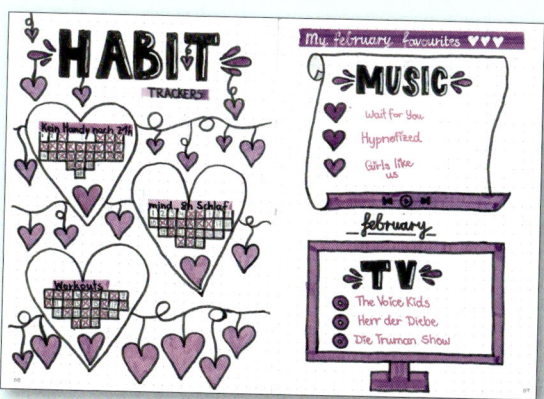

DEINE WOCHE IM BULLET JOURNAL

Normale Kalender sind dir zu langweilig? Prima, dann gestalten wir jetzt zusammen deine eigene Wochenübersicht für dein Bullet Journal.

Damit du stets den Überblick behältst, sind Übersichten immer sinnvoll. Monatsübersichten, aber noch besser Wochenübersichten, wo du dann zu jedem Tag das Erlebte eintragen kannst. Dabei gibt es verschiedene Anordnungen: eine Doppelseite pro Woche oder eine Seite pro Woche bieten sich an.

ÜBUNG

MATERIAL
- Blatt Papier
- Notizbuch oder Notizheft
- Lineal
- Bleistift und Radiergummi
- verschiedene Stifte in deinen Lieblingsfarben
- Fineliner
- Stempel
- Sticker oder Washi-Tapes

UND SO GEHT ES

 Welche Informationen möchtest du festhalten?
Bevor du direkt in deinem Bullet Journal loszeichnest, kannst du dir eine kleine Skizze machen. Wie soll deine Wochenübersicht aussehen und aufgeteilt sein? In unserem Beispiel soll es für jeden Tag einen Bereich für die Hausaufgaben geben. Dazu einen Bereich für Termine, Aufgaben und Wichtiges.

Besonderer Blickfang wird ein großes Bild.

2. Skizziere mit einem Bleistift deine Einteilung

Jetzt kannst du die Einteilung deiner Skizze mit leichten, dünnen Bleistiftstrichen auf deine Doppelseite übertragen. Drück nicht zu stark auf, damit du die Striche später leicht wegradieren kannst.

3. Zeichne die Linien mit einem Fineliner ein

Schnapp dir einen Fineliner, und zeichne dir die unterschiedlichen Bereiche ein. Doppellinien, Pünktchen oder ein einfacher Strich – passe die Linien so an, wie sie dir am besten gefallen.

4. Schreibe die Überschriften und Bezeichnungen in dein Journal

Es gibt ganz viele Möglichkeiten, um deine Seiten zu beschriften. Großbuchstaben, Schreibschrift oder auch Schmuckbuchstaben – in Kapitel 3 hast du schon viel über das Handlettering gelernt, das du jetzt anwenden kannst.

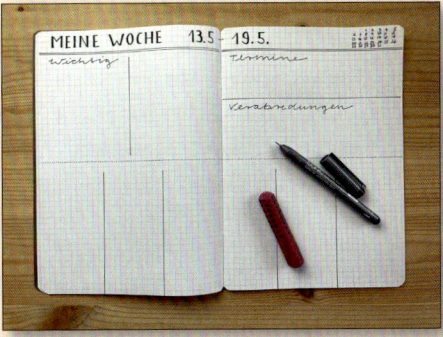

5. Schmück dein Bullet Journal mit Stempeln, Washi-Tape und Farbe

Die Wochentage sind hier keine ganz ausgeschriebenen Wörter, sondern Stempel mit den Anfangsbuchstaben. Eine besondere Idee, oder?

6. Jede Menge Platz für dein Kreativität

Freiflächen sind ein kreativer Ort für Skizzen und Illustrationen. Ideen dafür findest du in Kapitel 6 über Comics. Jeder Strich und jede Skizze macht dein Journal zu etwas ganz Besonderem. Und fertig ist deine ganz persönliche Wochenübersicht in deinem Bullet Journal. Jetzt bist du startklar für die neue Woche.

7. Deine fertige Wochenübersicht

Voll mit Skizzen, Notizen, Ideen und wichtigen Erinnerungen – so sieht dein Bullet Journal am Ende der Woche aus.

★ Ausprobiert

Pia hat sich für eine einfachere Wochenübersicht mit einer Seite pro Woche entschieden und die Seite mit ihren Lieblingspflanzen dekoriert. Jeder Monat bekommt in ihrem Bullet Journal eine eigene Doppelseite zur Einführung.

Symbole für dein Bullet Journal

Übung

In einem Bullet Journal machst du alles selbst. Genau so, wie du es haben möchtest. So kannst du deine Ideen mit Stichpunkten oder als Text oder Bild festhalten.

> **Material**
> - Papier
> - Bleistift oder Fineliner
> - Farbstifte

Text oder Bilder – du hast die Wahl! In deinem Journal gibt es viele Dinge, über die du dir regelmäßig Notizen machen möchtest. Wie es dir heute ging, wie deine Reitstunde gelaufen ist oder welches Lied dir im Moment besonders gut gefällt. Das kannst du als Text schreiben, oder du entwirfst dir eigene kleine Symbole und Icons für deine ganz persönlichen Lieblingsthemen. Du magst grummelige Tiere und lustige Wolken und lachende Smileys? Dann los!

Und so geht es

1. Zeichne vier Kreisformen nebeneinander
Es können ganz gleichmäßige runde Kreise sein oder auch breite oder hohe Ellipsen.

2. Entscheide dich für die Emotionen
Dann suchst du dir aus der Übersicht oben vier Emotionen aus, die dir besonders gut gefallen. Wie soll dein Icon sein? Lustig, traurig, wütend oder fröhlich?

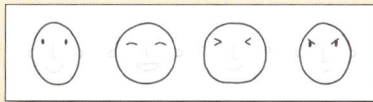

3. **Zeichne mit Punkten und Strichen die Gesichter**

Zeichne erst die Augen und dann Nase und Mund.

4. **Zum Schluss die Ohren nicht vergessen**

Fertig sind deine eigenen Smileys für dein Bullet Journal!

Jetzt bist du dran

Du kannst deine Smileys auch verändern und in lachende Frösche, wütende Wolken, schlafende Smartphones oder fröhliche Katzen verwandeln. Dann passt deine Zeichnung noch besser zu deinem Bullet Journal.

Überlege dir kleine Tiere, Figuren oder Gegenstände, und zeichne ihnen Gesichter. Schon hast du statt der üblichen Smileys deine eigenen Symbole.

→ **Tipp** ←

Eigene Smileys zu zeichnen, fällt dir schwer? Dann hilft dir dieser Trick: Such dir ein Symbol aus den Beispielen aus, zum Beispiel die Sonne. Zeichne sie vier Mal nebeneinander. Lass dabei die Gesichter weg und zeichne nur die Grundform. Dann zeichnest du Schritt für Schritt die Gesichter aus der Übung ein. Schon sind deine eignen Sonnen-Smileys fertig.

Passende Gestaltungselemente

Welches Gestaltungselement nimmst du am besten für welche Informationen? Lass dich von den folgenden Beispielen inspirieren.

Striche, Linien und Trenner

Um dein Bullet Journal aufzuteilen und die unterschiedlichen Bereiche voneinander abzugrenzen, brauchst du Linien. Dabei kannst du selbst kreativ werden und deine Seiten mit Musterlinien, Blumenranken oder einer schönen Wellenlinie verschönern.

Rahmen und Banner

In jedem Journal gibt es Überschriften oder eindrucksvolle Ereignisse, die du auf eine spezielle Art hervorheben möchtest. Rahmen und Banner sind perfekte Gestaltungselemente, um diesen besonderen Dingen das passende Design zu geben.

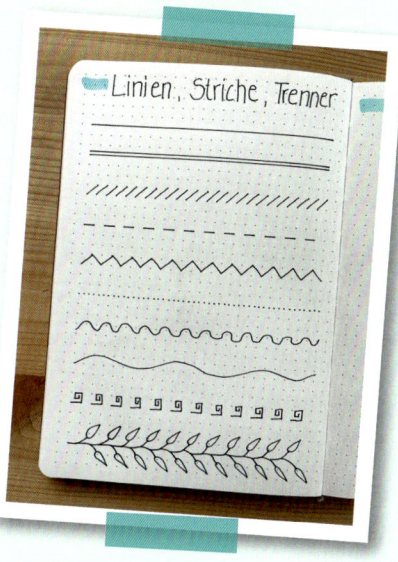

Linien, Symbole, kleine Illustrationen oder Sticker – es gibt so viele tolle Gestaltungselemente, die du für dein Bullet Journal benutzen kannst.

–> Tipp <–

Du suchst noch nach Schraffuren und Mustern, die deinen Bannern und Rahmen das gewisse Etwas geben? Ideen und Beispiele für Schraffuren findest du auch in Kapitel 2 (Seite 036).

Hebe mit den Bannern den Namen einer Stadt hervor, die du besucht hast, die Bezeichnung von einem Turnier, an dem du teilgenommen hast, oder den Namen deines neuen Freundes, den du in den Ferien kennengelernt hast. Verziere die Rahmen und Banner noch farblich und mit Mustern!

Tabellen, Checklisten oder auch Übersichten

Für alle regelmäßigen Ereignisse kannst du sehr gut Tabellen, Checklisten oder auch Übersichten in dein Bullet Journal einzeichnen: Wenn du gerade für den Stadtlauf trainierst, willst du regelmäßig deine Zeit und die Strecke festhalten, die du geschafft hast. Oder du hast dir vorgenommen, jeden Tag ein paar Seiten zu lesen. Vielleicht möchtest du auch wissen, wie viel Zeit dir pro Tag zum Schlafen bleibt? Der große Vorteil ist hier, dass du die Seiten nur einmal vorbereiten musst, dann trägst du nur noch die Werte ein und siehst auf einen Blick, wie du deinem Ziel immer näher kommst. Sehr praktisch, findest du nicht auch?

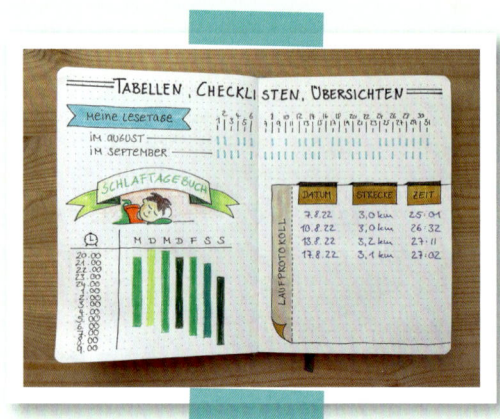

 Ausprobiert

Pia hat in ihrem Bullet Journal eine Geburtstagsübersicht gestaltet und dekoriert.

MIT EINEM BULLET JOURNAL DURCH DEN (SCHUL-)ALLTAG

ÜBUNG

Ein Bullet Journal kann noch so viel mehr. Schritt für Schritt kannst du dir seiner Hilfe neue Inhalte einprägen. Kreativ, farbenfroh und in kleinen, kurzen Absätzen.

Ist dir schon einmal aufgefallen, dass du dir neue Informationen und Aufgaben *viel besser merken* kannst, wenn du sie beim Lernen noch einmal aufschreibst? Mit jedem aufgeschriebenen Satz verankern sich die Themen besser in deinem Gehirn. Egal, ob es um Vokabeln, die Zusammenfassung des Deutschromans oder um die neuen Aufgaben im Sachkundeunterricht geht.

MATERIAL

- Überschriften in verschiedenen Schriftarten (siehe Seite 070)
- Farben, die gut zusammenpassen (siehe Seite 044)
- einfache kleine Zeichnungen und Symbole (siehe Seite 034 und Seite 097)
- Gestaltungselemente wie Rahmen, Banner, Linien oder Tabellen

Noch schneller geht das Lernen und Erinnern, wenn du *Bilder zu den Texten* hinzuzeichnest. Im Kopf denkst du dann an deine kleine Zeichnung, und schon weißt du wieder, was die Antwort auf die Frage war, die dir gerade gestellt wird. Die Bilder sind wie kleine Sprungbretter für deine Erinnerungen. Darum ist die Kombination aus Bildern und Texten auch perfekt für dich, wenn du schnell Neues lernen möchtest. (Du weißt ja: Menschen lieben Bilder!)

Um aus deinem Bullet Journal ein tolles Arbeitsheft für die Schule zu machen, brauchst du keine neuen Techniken zu lernen. Alles, was du benötigst, hast du schon auf den vorhergehenden Seiten ausprobiert. In unserer Zusammenfassung auf den folgenden Seiten soll es um »Klimaschutz im Alltag« gehen.

Und so geht es

1. Erst mal lesen
Lies dir zuerst alle Informationen durch, die du gleich in dein Journal übertragen möchtest. Worum geht es? Was ist wichtig? Und welche Bilder und Symbole fallen dir zu dem Thema ein?

2. Die Überschrift
Beginne mit einer großen und gut lesbaren Überschrift. Du kannst sie auch gerne mit einem Rahmen verzieren. Hauptsache, du erkennst auf einen Blick, was das Thema ist.

3. Kurze Zusammenfassung
Fasse den Inhalt deiner Notizen kurz zusammen. In diesem Beispiel sind das die fünf Tipps zum Klimaschutz. Hier kannst du auch gut auflisten, welches Buch und welche Seiten du gerade bearbeitet hast, so dass du später schnell weißt, wo du weitere Informationen nachgucken kannst.

4. Zwischenüberschrift plus Text
Jetzt schreibst du für den ersten Absatz oder Bereich eine kurze Zwischenüberschrift. Überlege dir, wie du diese Zwischenüberschriften gestalten möchtest: Vielleicht mit einem breiten gelben Strich im Hintergrund? Danach kommt der eigentliche Text, den du dir zu diesem Punkt merken möchtest. Lass aber unbedingt neben dem Text noch ein wenig Platz frei.

5. **Die Zeichnung**
Neben den Text kommt eine kleine Zeichnung, ein Icon oder ein Symbol, das gut zum Thema passt. Durch sie kannst du dir den Inhalt besser merken. Die Zeichnung kann ganz einfach und nur mit einer Outline sein oder auch verspielt mit vielen Details und Farbe. Ganz so, wie du es schön findest!

6. **Alle weiteren Zwischenüberschriften, Texte und Zeichnungen**
Jetzt guckst du dir das nächste Thema an. Leg auch hier wieder erst die Zwischenüberschrift fest, schreibe den Text auf, und zeichne zum Schluss das Bild.

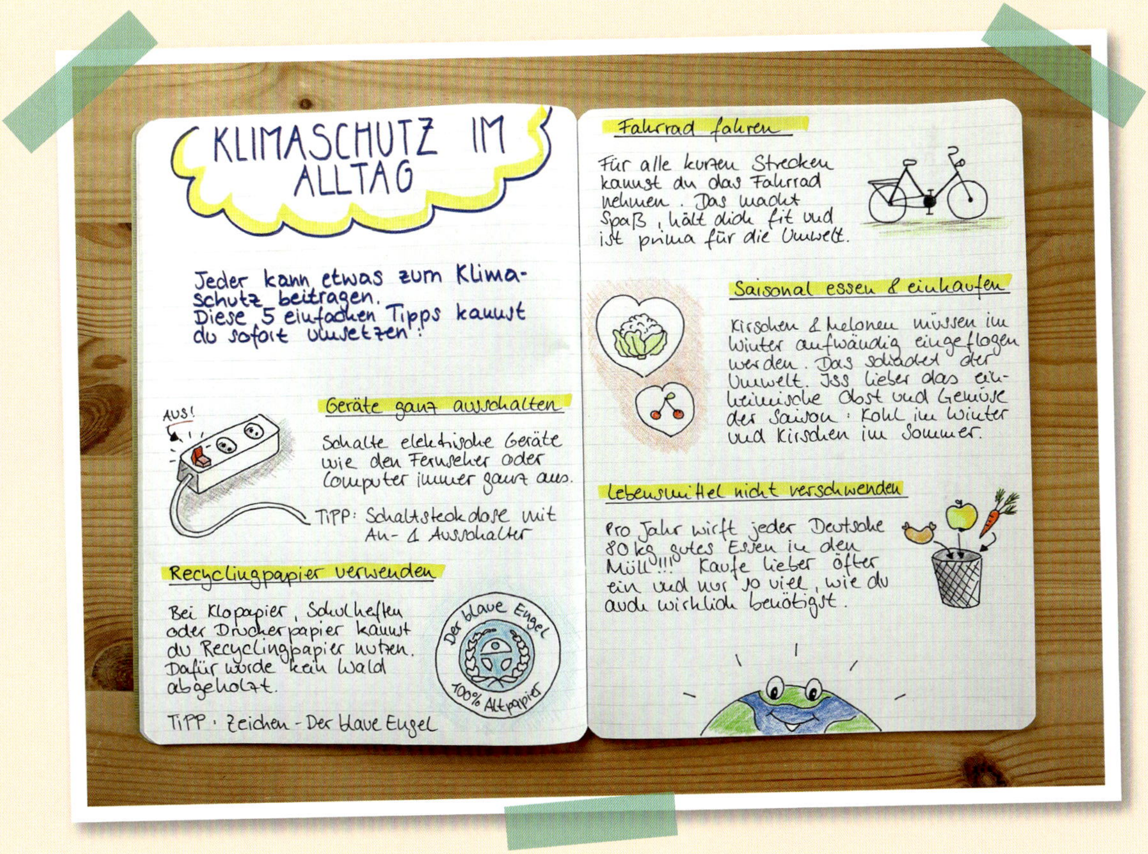

Digitale Bullet Journals

Du kannst dein Journal auch sehr schön digital gestalten. Dafür brauchst du ein Tablet mit einer Zeichen-App und am besten einen digitalen Zeichenstift.

Anders als bei Bullet Journals auf Papier hast du in digitalen Journals keine Hefte oder Notizbücher, deren Seitenzahl beschränkt ist. Du kannst dein Journal am Tablet aus so vielen Einzelseiten aufbauen, wie du möchtest. Mit einer Bullet-Journal-Vorlage auf dem Tablet zu arbeiten, ist ganz einfach. Deiner Fantasie sind dabei keine Grenzen für deine Seite gesetzt.

> **Material**
> - ein Tablet
> - am besten ein Stift für dein Tablet
> - eine Zeichen-App, auf dem iPad zum Beispiel Procreate

Und so geht es

 Erstelle eine Bullet-Journal-Vorlage
Zunächst solltest du dir Vorlagen für deine Lieblingsseiten anlegen. Diese Vorlagen kannst du dann immer wieder neu füllen und dann abspeichern. Vorlagen, die sich anbieten, sind zum Beispiel:
- → eine Monatsübersicht oder eine Wochenübersicht
- → ein Lernplan oder eine To-Do-Liste
- → eine Übersicht für einen Tag

Lass dabei auf deinen Vorlagen viel Platz für deine späteren Notizen und Bilder. Nur die Überschriften kannst du jetzt schon vorschreiben.

-> Mein Tipp <-

Damit deine Texte nicht krumm und schief werden, kannst du dir eine zusätzliche Ebene mit einen Pünktchenraster anlegen. Sie hilft dir dabei, gerade zu schreiben. Wenn du fertig bist, kannst du die Ebene mit den Hilfslinien einfach wieder löschen.

2. So öffnest du meine Vorlage

Dir gefällt meine Bullet-Journal-Vorlage für einen Tag? Dann kannst du sie dir runterladen. Du machst das am besten gleich über das Tablet, dann ist die Datei schon darauf abgespeichert. Wenn du mit Procreate arbeitest, musst du die Vorlage in der Galerie zuerst duplizieren und dann umbenennen. Gib ihr am besten den Namen des aktuellen Tags.

3. Suche dir einen Pinsel aus

Wähle als Erstes eine Pinselart bzw. Stiftart aus, mit der du schreiben oder zeichnen möchtest. Bei Procreate ist in der rechten oberen Ecke eine Menüleiste mit verschiedenen Symbolen. Klickst du auf das erste Pinsel-Symbol, öffnet sich eine große Übersicht mit unterschiedlichen Stiften. Bleistifte, Kreide, Marker, Gelstifte, Füller oder Pinsel – alles ist dabei.

Pinselsammlung

4. Notiere dir die schönsten und besonderen Erlebnisse des Tages

Jetzt geht es schon mit deinen Eintragungen im Journal los. Du kannst schreiben, kritzeln oder die kleinen Icons bei deinen Gefühlen und dem Wetter ausmalen. Auf der Vorlage ist genügend Platz für all die Dinge, die dir wichtig sind. Um die *Farbe deines Stiftes* zu wechseln, klickst du bei Procreate oben rechts ganz außen auf den Farbpunkt. Dort kannst du Farben mischen, per Klick auswählen und sehen, welche Farben du zuletzt verwendet hast.

Farbeinstellungen öffnen

5. Bunte Rahmen, Illustrationen und kreative Verzierungen

Jetzt wird es bunt! Wenn du alle deine Texte und Gedanken zum Tag notiert hast, kannst du mit dem Design deiner Bullet-Journal-Seite beginnen. Hinterlege die Überschriften mit einer Farbe, male die Kästchen bunt an, oder lass kleine Illustrationen in deine Seite reingucken. So wird jede Seite zu einem individuellen *Kunstwerk,* auch wenn du immer dieselbe Vorlage verwendest.

Die Seite speichern
Zum Schluss speicherst du dir die Datei unter dem aktuellen Datum ab. In Procreate hast du das ja am Anfang schon gemacht und gehst einfach in die Galerie zurück.

⭐ Ausprobiert

Lene hat hier eine Tagesübersicht mit einem schönen Musterrand gezeichnet. Den findest du auch bei den Stiften in Procreate. Wie gefällt dir das Muster?

Lila als Hauptfarbe: Lene hat die Muster und Texte nur mit wenigen Farben gestaltet. So bekommt die Tagesübersicht ein einheitliches Design.

–> Übersicht behalten <–

Wenn du dein digitales Bullet Journal regelmäßig führst, kommen bald etliche gespeicherte Dateien zusammen. Da verliert man schnell den Überblick. Leichter wird es, wenn du jede Datei mit dem Datum als Dateinamen abspeicherst, zum Beispiel »Bullet Journal-01-02-2022«.

— Kapitel 5 —

Deine Grafikdesign-Werkstatt

Ist es schwierig, spannende Flyer, schöne Poster und professionell aussehende Zeitungen zu gestalten? Nein, ist es nicht. Denn mit den richtigen Tipps und Techniken sind gute Designs einfach und machen viel Spaß.

Sechs Gestaltungstipps für deine Designs

Es ist gar nicht so schwer, schöne Designs selbst zu machen, wenn du die Regeln und Tricks kennst, die du für eine gute Gestaltung brauchst.

Kennst du das? In deiner Schule oder einem Laden liegen unterschiedliche Flyer aus. Sie werben für Veranstaltungen, Sportereignisse oder Feste. Alles ist bunt und voller Fotos und Texte. Du lässt deinen Blick schweifen, und plötzlich fällt dir ein besonderer Flyer ins Auge: Er sieht viel besser aus, und du hast sofort Lust, herauszufinden, worum es geht. Was unterscheidet diesen einen Flyer von allen anderen? Warum ist er dir sofort aufgefallen? Ganz sicher liegt es an seinem besonderen Design!

Ob du beim Betrachten ein Design gelungen findest oder nicht, liegt nicht nur am persönlichen Geschmack. Selbst wenn dir der Stil oder die Farbe des Designs nicht gefällt, weißt du sofort, ob es professionell aufgebaut wurde. Denn Designs wirken immer dann ästhetisch, wenn sie den Gestaltungsregeln folgen und die Hauptelemente gut arrangiert sind.

Die meisten professionellen Grafikdesigns in unserem Alltag wie Magazine, Comics, Zeitschriften oder Werbeflyer sind aus den gleichen Elementen aufgebaut. Schau dir einmal einen Flyer oder ein Plakat genauer an: Wie viele verschiedene Hauptelemente entdeckst du? Richtig, es sind eigentlich nur drei!

Es gibt immer:
→ Texte
→ Überschriften
→ Bilder

Manchmal kommen noch zusätzlich kleine Icons, erklärende Symbole oder Zusatztexte hinzu, aber die ergänzen die drei Hauptelemente nur.

–> Online-Elemente <–

Bei den Onlinemedien wie Internetseiten oder Apps kommen noch Videos, Animationen oder Musik hinzu. Die gibt es bei gedruckten Designs (Printdesigns) natürlich nicht.

Und so geht es:
Sechs Gestaltungsvarianten

Schau dir einmal diesen Flyer für ein Ferienlager an. Das Design ist noch ein bisschen langweilig. Das werden wir nun Schritt für Schritt verändern. So bekommen wir gleich sechs Flyer, die alle ganz verschieden aussehen.

Es gibt oben ein großes illustriertes Bild, darunter eine Überschrift und einen Text mit weiteren Infos. Ganz unten in gelb ein Textelement mit dem Hinweis zur Anmeldeseite.

Gestaltungstipp 1:
Zeig ein Element ganz nah oder ganz fern

Blickfang ist die große Illustration. Der Junge ist in der ursprünglichen Illustration aber klein, fern und unscheinbar. Jetzt ist die Figur vergrößert und viel näher gezeigt, dadurch verändert sich das gesamte Design.

*Jetzt fällt die **vergrößerte Figur** sofort auf, und der Flyer zieht alle Blicke an. Das beweist, wie unterschiedlich Elemente in einem Design wirken, wenn man sie nah oder fern abbildet.*

Gestaltungstipp 2: Zeig einen deutlichen Unterschied zwischen großen und kleinen Elementen

Was dir besonders wichtig ist, das soll auch deinem Leser sofort auffallen! Oft sind das die Überschriften. Im Flyer sieht die Überschrift aber genauso wie der Text aus. Die Überschrift soll jetzt ein echter Blickfang werden.

*Designe einen **deutlichen Kontrast** zwischen Überschrift und Informationstext! Verändere die Schriftart, mach die Überschrift größer und gib ihr eine Farbe.*

Gestaltungstipp 3: Vertausche die Anordnung der Elemente oben und unten

Muss das Bild immer oben sein und der Text immer darunter? Nein, muss es nicht. Probiere einmal aus, wie sich der Flyer verändert, wenn du die beiden Bereiche vertauschst.

Zusätzlich kannst du auch die ersten beiden Tipps anwenden und gucken, wie du das Design mit Nähe oder Ferne und mit einem starken Groß-Klein-Kontrast verändern kannst. Wie gefällt dir das neue Design mit einer großen Überschrift und einem fernen Bildausschnitt?

Gestaltungstipp 4: Teste spannende und ungewöhnliche Aufteilungen der Texte und Bilder

Jetzt bist du bereit für die schwierigeren Designtipps. Bis jetzt hatten alle Flyer zwei Bereiche – einen für die Texte und einen für das Bild. Jetzt nehmen wir diese Bereiche auseinander und ordnen sie unabhängig voneinander an. Die Überschrift ist ein Einzelelement, das Bild ist ein Element, und der Text steht ebenfalls alleine. Das ermöglicht dir nicht nur spannende Kompositionen, sondern du kannst auch viel freier mit den Farben der verschiedenen Bereiche gestalten.

Die Überschrift oben sagt dem Leser direkt, worum es auf dem Flyer geht. Nun folgt das Bild. Das sieht spannend aus und macht Freude beim Angucken. Erst danach kommt der Text mit den weiterführenden Informationen.

Gestaltungstipp 5: Tausche die horizontale Anordnung gegen eine vertikale Anordnung

Die meisten Designs sind so gestaltet, dass du sie von oben nach unten liest und anschaust. Das entspricht unserer normalen Leserichtung und fühlt sich vertraut an. Gute Designer*innen wissen das natürlich und spielen gerne mit diesen Lesegewohnheiten, um Spannung zu erzeugen.

*Durch den schmalen gelben Streifen auf der linken Seite hat sich auch das **Bildelement völlig verändert**. Die Figur, der Globus und die anderen kleinen Illustrationen sind jetzt untereinander zu sehen. Die rechte Seite ist blau hinterlegt. Die Texte verteilen sich von oben nach unten, sind aber durch das vertikale Design deutlich schmaler und länger.*

Gestaltungstipp 6: Probiere ein symmetrisches oder ein asymmetrisches Design aus

Das asymmetrische Design braucht ein erfahrenes Designerauge. Hier hilft es dir sehr, wenn du die anderen Tipps zuvor ausprobiert und geübt hast. Wichtigstes Merkmal hier sind die schrägen, unterschiedlich verteilten Bereiche. Durch diese Form lenkst du den Blick deiner Betrachter*innen im Zickzack über deinen Flyer. Dieser Flyer ist auffällig, spannend und mit seinem unsymmetrischen Design schon etwas für echte Profis.

*Den Anfang macht das große Bildelement, bei dem du jedoch alle Illustrationen einzeln anordnen musst. Der Text inklusive Überschrift ist in der Mitte, aber nicht mehr mittig ausgerichtet, sondern rechtsbündig und verläuft parallel zur Außenseite des Flyers. Er ist **asymmetrisch abgeschrägt** und passt so optisch zur schrägen Flächenform. Den Abschluss bildet eine neue dritte Farbfläche in Weiß, auf der nun der Hinweis auf die Anmeldung untergebracht ist.*

Gestalte ein interessantes Plakat

ÜBUNG

Du hast sicher für die Schule schon zahlreiche Plakate gestaltet. Jetzt kannst du mit einem professionellen Aufbau deines Plakats beeindrucken.

Plakate sind ein Mix aus Bildern und Texten, die übersichtlich präsentiert werden. Sie sehen schön aus und sind ein toller Blickfang. Das ist auch der Grund, warum Plakate in der Schule oder bei Gruppenarbeiten so beliebt sind.

Die Übung besteht darin, ein Plakat über den Eisvogel zu gestalten. Dabei werden die vier Bereiche Aussehen, Futter, Lebensraum und Verhalten mit Fotos und einem kurzen Informationstext vorgestellt.

Material

- vier Fotos – eines für jedes Thema
- Stichpunkte zu den Themen
- ein Bogen farbiges Papier in A3 oder A4
- Stifte
- Lineal, Schere und Kleber

Und so geht es

1. Grobe Anordnung der verschiedenen Fotos und Textbereiche
Ordne die Fotos und Texte locker auf dem großen Bogen Papier an, bis dir die Anordnung gefällt. Klebe noch nichts auf. Ganz oben auf dem Plakat steht der Titel. Dann folgen die Themen und Fotos in vier Bereichen.

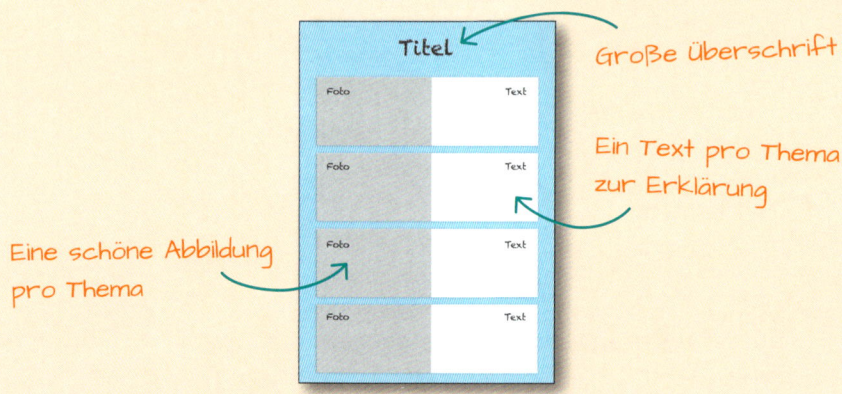

2. Wende die Gestaltungstipps an

Jetzt kannst du nacheinander unsere Gestaltungstipps anwenden (siehe Seite 110). Probiere aus, was dir gut gefällt und was dein Design schöner und interessanter macht.

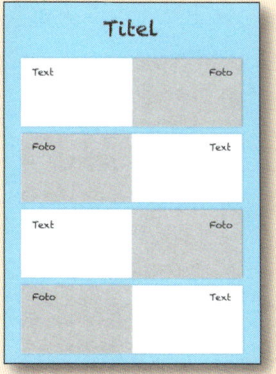

Tipp 1: »Zeig ein Element ganz nah oder ganz fern«. Die Eisvogelfotos sehen spannender aus, wenn du die Ausschnitte mal größer und mal kleiner auswählst. Zeig den Eisvogel ganz nah mit allen Details oder ganz fern, so dass man auch das Umfeld gut erkennt.

Versuche auch einmal *Tipp 4: »Teste spannende und ungewöhnliche Aufteilungen der Texte und Bilder«.* Sind alle Fotos auf der einen Seite und alle Texte auf der anderen Seite, so wirkt das Layout eintönig. Wechselst du zwischen Text und Foto hin- und her, wird der Aufbau gleich viel spannender.

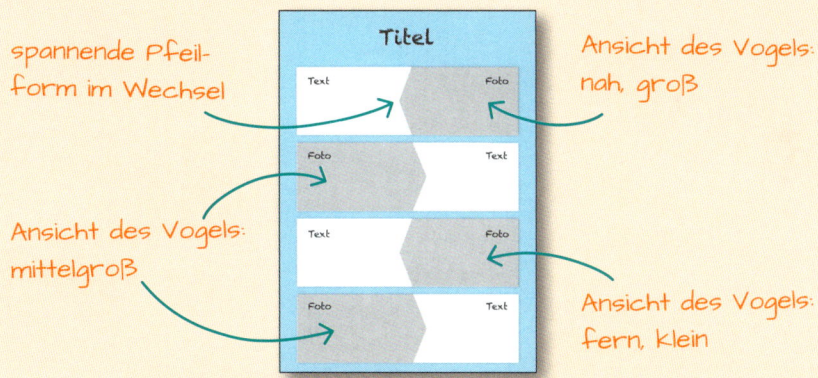

Profitipp 5: »Tausche die horizontale Anordnung gegen eine vertikale Anordnung«. Mit einer Pfeilform schaffst du es, dass die Fotos mehr Aufmerksamkeit bekommen – vom Foto in Richtung Text. Dieses kleine asymmetrische Element ist ungewöhnlich.

3. **Füge die ersten Inhalte ein**
Das Design gefällt dir? Dann kannst du jetzt die Fotos und die weißen Textboxen in den entsprechenden Formen zurechtschneiden. Achte darauf, dass die Abstände zum Rand und zwischen den Boxen gleich sind. So sieht dein Plakat harmonisch und professionell aus.

Titel mit weißem Hintergrund

*Der Titel soll sofort auffallen und auch aus größerer Entfernung gut lesbar sein. Du brauchst **mehr Kontrast**. Hinterlege den Bereich in Weiß, dann wirkt die Schrift gleich viel klarer und kontrastreicher.*

4. **Farbige, kontrastreiche Texte**
Nun sieht dein Plakat schon fast fertig aus. Bevor du aber beginnst, die Überschriften und Texte zu schreiben, geh noch einmal die Gestaltungstipps von Seite 110 durch. Kannst du die Tipps auch bei der Schrift anwenden? Notiere dir, wie du den Text noch anpassen und verbessern kannst.

*Die Überschriften sollen **größer, kontrastreicher und farbig** hervorgehoben werden. So fallen sie schneller ins Auge. Die Stichpunkte in den Textboxen können kleiner bleiben. Der Titel wird am größten geschrieben und in einem schönen Türkis gestaltet, das zum Eisvogel passt.*

5. **Nun noch dein Logo einsetzen – fertig!**
Erinnerst du dich noch an das Eisvogel-Logo, das du auf Seite 055 gestaltet hast? Das schöne Logo kannst du jetzt auch für dein Plakat verwenden.

Fertig ist dein Plakat über den Eisvogel. Gerahmt sieht es besonders schön präsentiert aus.

⭐ Ausprobiert

Lene hat die Tipps an einem Plakat zum Thema Umweltschutz ausprobiert. Die einzelnen Themenboxen für die Inhalte haben Lene gut gefallen. Doch statt der Pfeilform hat sie sich für eine Schräge bei den Fotos und Textboxen entschieden.

Jetzt kommt Farbe in deine Designs!

Farben machen nicht nur das Leben bunter und schöner, sondern auch deine Gestaltungen. Schon eine kleine Änderung der Farbe bewirkt, dass dein Design völlig anders ausschaut.

Welche Wirkung die Farben haben, erkennst du schon an der Art und Weise, wie wir über die unterschiedlichen Farbtöne sprechen. Lass uns dafür ein kleines Experiment machen. Was fühlst du, wenn du die folgenden beiden Beschreibungen liest?

→ Die Sonne stand in glühendem Orangerot am Himmel, als das Mädchen zum Strand lief.

→ Der Junge blickte auf und starrte in einen eisigen, blassblauen Himmel.

Glühendes Orangerot – das klingt nach einer warmen, freundlichen und behaglichen Farbe. Ein eisiges Blassblau ist genau das Gegenteil und klingt kalt, zurückhaltend und luftig. Genau diese Empfindungen kannst du auch für deine Designs benutzen.

> **–> Tipp <–**
>
> Erinnerst du dich noch an das, was ich in Kapitel 2 zu Farbe gesagt habe? Alle Farben lassen sich aus den drei Grundfarben Rot, Gelb und Blau mischen. Du weißt auch, was ein Farbrad ist und wie sich die verschiedenen Farbtöne zusammensetzen. Mit Farbkontrasten kennst du dich auch schon gut aus. Du weißt, welche Farben gut zusammenpassen. Dieses Wissen ist eine tolle Basis, um kreative und professionelle Designs zu gestalten. Schau es dir eventuell noch einmal an (Seite 046).

Jetzt geht es in die Praxis. Wie entscheidest du dich, wenn du nicht nur Farbtöne zusammenstellst, sondern eine Kombination aus Fotos, Bildern und Texten in deinem Design hast? Wie findest du dann die passenden Hauptfarben für ein Design? Dafür zeige ich dir hier zwei einfache Möglichkeiten, wie du Farben finden kannst:

1. Farben aus Fotos verwenden
2. Mit dem sogenannten Farbklima arbeiten (kalt oder warm), je nach Wirkung, die du mit deinem Design erreichen möchtest

Schau dir dieses Beispiel, einen Flyer für Hundespaziergänge, einmal genau an. Er wirkt harmonisch und trotzdem nicht langweilig. Dabei sind es nur ganz wenige Farbtöne, die für das Design verwendet wurden. Wie viele Farben brauchst du für die Farbauswahl? Bei der Anzahl der Farben gibt es eine einfache Regel: *Entscheide dich für so wenige Farben wie möglich.* Oft reichen schon zwei bis drei Hauptfarben für ein ansprechendes und professionell aussehendes Ergebnis aus.

Diese Farben kamen zum Einsatz:

→ Eine Farbe für die *Überschriften*: Grün. Die Farbe für deine Überschriften kann auch gerne bunt und auffällig sein.

→ Eine Farbe für den *Fließtext*: hier dunkles Braun. Achte darauf, dass die Farbe kräftig ist und die Schrift auch bei kleiner Schriftgröße gut lesbar bleibt.

→ Eine Farbe für besondere *Informationen* oder Worte, die du stärker hervorheben möchtest. In diesem Beispiel ist es das Rot.

→ Ein bis zwei Farben für den *Hintergrund*: Hier ist es Weiß und ein heller Cremeton. Helle Farben eignen sich besonders gut bei dunkler Schrift und dunkle Hintergrundfarben bei heller Schrift.

→ Wenn du möchtest: eine weitere Farbe für zusätzliche *Icons, Symbole oder Verzierungen*. Hier ist es das Karamellbraun, das für die Mittellinie und die gestrichelten Linien neben den Kontaktdaten verwendet wird.

Schon eine kleine Auswahl an Farben reicht für deine Designs. Das ist super, weil du jetzt weißt, dass du nur drei Hauptfarben brauchst, plus zwei bis drei Zusatzfarben für Hintergründe und Zusatzelemente. Das macht es für dich viel einfacher.

Farben aus einem Foto aussuchen

Farben wirken am besten, wenn sie harmonisch zusammenpassen. Suche sie doch einfach aus einem Foto aus, das du auch für dein Design verwendest.

Jetzt nimm einmal ein Foto zur Hand. Wie findest du Farben, die gut zu deinem Design passen? Am leichtesten geht das, wenn du die passenden Farben direkt aus dem Foto auswählst.

Material

- ein beliebiges Foto, hier das Hundefoto (findest du auch auf der Website zum Download)

Und so geht es

1. Guck dir das Foto in Ruhe an
Wie viele unterschiedliche Farbtöne siehst du auf dem Foto, zum Beispiel Hellgrün, Waldgrün, Weinrot, Hellgrau, Cremeweiß, Karamellbraun, Mittelbraun usw.?

2. Gruppen bilden
Fasse die vielen unterschiedlichen Farbtöne in Gruppen zusammen, zum Beispiel Grün (Hellgrün, Waldgrün), Braun (Karamellbraun, Mittelbraun) usw.

3. Wähle die Hauptfarben
Wähle drei Farbgruppen für die Hauptfarben aus, zum Beispiel Grün, Rot und Braun. Wenn du unsicher bist, ob die Farben gut zusammenpassen, kannst du auch die Farbkontraste von Seite 046 zu Hilfe nehmen. Vielleicht ist dir schon aufgefallen, dass Grün und Rot einen Komplementärkontrast bilden und dass die beiden Töne zusammen einen schönen, auffälligen Mix ergeben.

4. Zusatzfarben wählen
Zum Schluss suchst du dir noch eine oder zwei Farben für den Hintergrund deines Designs und die Zusatzelemente aus deiner Farbübersicht aus.

5. Tipp: Farbwahl mit dem Computer oder Tablet
Die Farbauswahl aus dem Bild kannst du auch direkt am Tablet oder Computer machen, wenn du dein Foto in einem Bildbearbeitungs- oder Zeichenprogramm öffnest. Klicke dafür mit dem Farbauswahl-Werkzeug direkt auf die Stelle im Foto, die du weiterverwenden willst. Das Programm erkennt den Farbton und zeigt ihn dir an. Hast du den passenden Ton für dein Design gefunden, kannst du ihn dir direkt in deiner Farbübersicht im Bildbearbeitungsprogramm speichern.

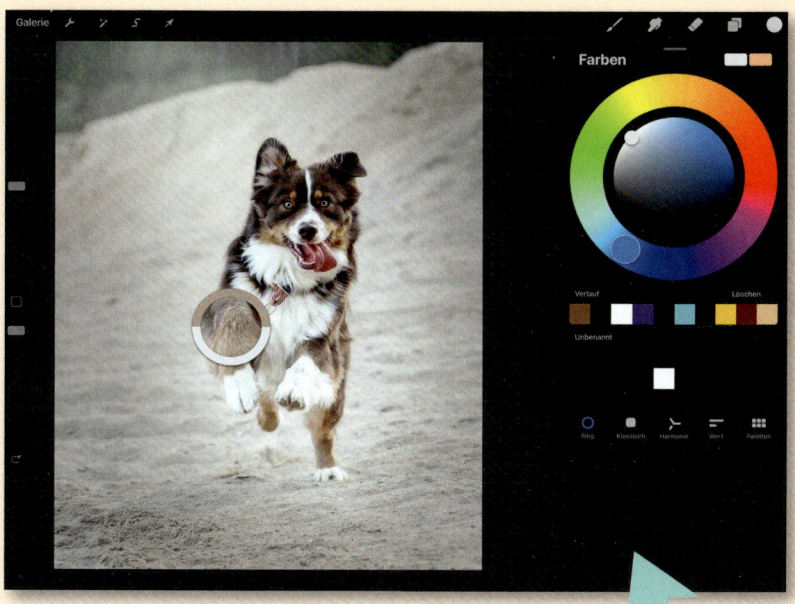

In der App Procreate auf dem Tablet sieht das dann so aus.

Mit dem Farbklima Wirkung erzeugen

> Deine Designs und Entwürfe kannst du auch andersherum aufbauen und erst die Farben festlegen und dann die dazu passenden Bilder und Fotos hinzufügen.

Vielleicht weißt du zu Beginn deiner Entwürfe noch gar nicht, welches Foto du benutzen möchtest. Oder du hast eine sehr große Anzahl an Fotos, Grafiken und Zeichnungen. Dann ist es gar nicht so einfach, die gemeinsame Farbpalette zwischen allen Bildern zu finden. Doch auch dafür gibt es einen guten Trick.

Überlege zuerst, welche Stimmung dein Design haben soll:
→ Soll es warm, freundlich und fröhlich wirken?
→ Oder kühl, weit und eher zurückhaltend?

Beide Stimmungen kannst du durch die passende Farbkombination hervorrufen. Welche Farbstimmung zu deinem Design passt, hängt dabei auch sehr stark vom Thema deiner Gestaltung ab.

Im Farbkreis gibt es kalte und warme Farben. Du kannst es dir wie eine Linie vorstellen, die den Farbkreis in zwei Teile trennt.

→ Kalte Farben erkennst du immer daran, dass sie einen hohen Blauanteil haben. Das trifft aber nur auf einen Teil der Farben im Kreis zu. Die kalten Töne reichen von einem kräftigen Grün über Blau bis hin zum leuchtenden Violett.

→ Die zweite Hälfte im Farbkreis gehört den warmen Farben. Hier findest du vor allem die Töne, die einen hohen Gelbanteil haben. Die Palette reicht dabei von leuchtendem Rot über Gelb bis hin zum frischen Gelbgrün.

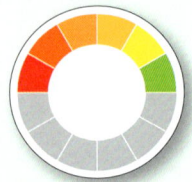

Das gleiche Designprojekt kann mit dem gleichen Aufbau je nach Farbstimmung harmonisch oder merkwürdig falsch aussehen: Ein Fotobuch über deinen letzten Winterurlaub wird mit warmen Gelb- oder Rotorangetönen komisch aussehen. Das Thema deines Designs (Winterurlaub) und die dazu ausgewählten warmen Farben passen einfach nicht zueinander. Bei einem Fotobuch über deinen Sommerurlaub ist es genau umgekehrt. Gelb und Rotorange sehen dann harmonisch aus und lassen dein Design noch stärker und professioneller aussehen.

Wie stark sich die Auswahl deiner Farben auf das Design auswirkt, kannst du sehr gut am folgenden Beispiel für eine Ballettschule erkennen.

Die Veranstaltung ist mitten im Winter, was sich auch in der Gestaltung widerspiegeln soll. Besondere Schwierigkeit ist hierbei, dass es bei Ballettkleidung keine Sommer- oder Wintersachen gibt. Über die Kleidung kannst du darum nur schwer zeigen, dass es sich um eine Veranstaltung im Winter handelt. Mit kalten Blau- und Violetttönen bekommt deine Gestaltung aber ein schönes, **kühles und gleichzeitig sehr elegantes Design,** das zur Jahreszeit passt.

Im Frühling findet auch eine Ballettveranstaltung statt. Wie kannst du dein schönes Design noch einmal nutzen und trotzdem eine ganz andere frühlingshafte Stimmung erzielen? Mit warmen Farben! Indem du jetzt warme Rot- und Orangetöne anstelle der kalten Blautöne verwendest, **ändert sich die Farbwirkung komplett.**

KALTE UND WARME FARBEN IM EINSATZ

ÜBUNG

Die Wirkung von Farben lernst du am schnellsten, indem du sie testest und ausprobierst. Die folgende Übung hilft dir dabei.

Ich habe dir eine Vorlage erstellt. Darin gibt es viele leere Flächen. Doch wie das Bild zum Schluss wirkt, entscheidest du alleine über die Farbigkeit! Male dafür alle Flächen in unterschiedlichen Farben aus. Achte dabei unbedingt auf das Farbklima.

MATERIAL

- Papier oder Tablet
- meine Bildvorlage, die du dir auch herunterladen kannst; oder du zeichnest dir ein eigenes Linienbild
- Stifte in kalten und warmen Farben
- Wenn du am Tablet zeichnest, öffne dir direkt deine Farbübersicht.

UND SO GEHT ES

 Eine Linienzeichnung anlegen
Drucke dir die Vorlage auf einem kräftigen, weißen Papier aus, oder lade die Vorlage in deine Zeichen-App.

Überlege dir, ob du dein Bild in warmen oder kalten Farben gestalten willst. Du kannst kalte und warme Farben auch mischen und die Fische in der einen Farbtemperatur und das Wasser in der anderen Farbwelt einfärben.

2. Farbflächen ausmalen

Male nun jede Farbfläche in einem Farbton aus. Besonders schön wirkt dein Bild, wenn du darauf achtest, dass nie zwei gleiche Farben nebeneinander zu sehen sind.

Hier ist das Bild in kalten Farben umgesetzt: die Fische in eisigen Türkistönen und das Wasser in kräftigem, dunklem Blau und Violetttönen.

Hier sind es warme Farben. Das Wasser ist in sonnigem Gelb, während die Fische leuchtend Rotorange sind. Mit derselben Vorlage kannst du so ganz einfach völlig unterschiedlich wirkende Bilder gestalten.

Schriften mit Charakter für deine Texte

Hast du gewusst, dass es einen ganzen Designbereich gibt, der sich nur mit Schriften beschäftigt? Man nennt dieses Fachgebiet die Typografie.

Bei der Typografie dreht sich alles um die Geschichte, die Form, die Wirkung und das Zusammenspiel von Schriften. Denn es gibt weit mehr als tausend unterschiedliche Schriftarten, und jede hat ihre ganz besonderen, einzigartigen Merkmale.

Du brauchst aber keine Sorge zu haben, dass du jetzt alle diese Details lernen musst. Denn diese vielen unterschiedlichen Schriften lassen sich alle in *fünf große Hauptgruppen* einordnen. Wenn du diese fünf Gruppen kennst und weißt, wann und wie du sie am besten einsetzt, reicht das für deinen Start ins Thema Typografie.

Nur ganz aus dem Bauch heraus solltest du deine Schriften nicht aussuchen. Jede Schrift hat ihren eigenen Charakter. Es gibt laute und auffällige, aber auch leise und zarte Schriften. Einige erinnern an alte historische Bücher und andere an moderne Apps. Die *Schriften müssen zum Inhalt deines Designs* passen, wenn sie deine Gestaltung unterstützen sollen. Da geht es den Schriften genauso wie den Farben. Unpassende Farben und Schriften machen deine Gestaltung langweilig oder bewirken sogar, dass dein ganzes Design nicht zusammenpasst. Hast du deine Farben und Schriften jedoch passend ausgewählt, ist dein ganzes Design sofort schöner, stärker und professioneller. Schauen wir uns die fünf Schrifttypen einmal an.

Typ 1: Serifenschriften

Die erste große Schriftengruppe sind die Serifenschriften. Du erkennst sie ganz leicht daran, dass jeder Buchstabe am Anfang und am Ende kleine zusätzliche Striche hat, das sind die sogenannten Serifen. Das sieht ein bisschen so aus, als hätten die Buchstaben kleine Standfüßchen.

Serife, »Füßchen«

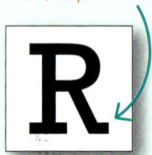

Merke dir: Serifenschriften haben einen starken Charakter und funktionieren am besten, wenn man sie alleine verwendet. Zwei Serifenschriften zusammen sehen unruhig aus. Darum gilt für deine Entwürfe: *Nur eine Serifenschrift pro Design!*

Serifenschriften

Garamond   Times
Bodoni   Rockwell

Bekannte Serifenschriften, die auch auf deinem Computer sein sollten.

Serifenschriften erinnern an alte Bücher und wirken **stabil, seriös und elegant.** Es gibt diese Schriftgruppe schon sehr lange. Darum wirken manche Serifenschriften auch ein wenig veraltet.

Typ 2: Serifenlose Schriften

In der zweiten Gruppe sind die serifenlosen Schriften. Alle Buchstaben sind klar, gleichmäßig und ohne Füßchen oder Verzierungen. Oft ist sogar die Breite der Buchstabenlinien gleichmäßig. Kommt dir die serifenlose Schrift bekannt vor? Das ist auch die Schrift, die alle Kinder in der Schule üben, wenn sie Schreiben und Lesen lernen.

Serifenlose Schrift

Roboto   Raleway
Open Sans   Arial

sehen modern und sachlich aus

Das moderne Aussehen macht serifenlose Schriften sehr **beliebt.** Du findest sie überall – von Websites über Plakate bis hin zu Büchern oder Apps.

Das ist wichtig: Serifenlose Schriften lassen sich problemlos mit allen Bildern, Fotos, Illustrationen und auch anderen Schriften kombinieren. Dazu sind sie sehr *gut lesbar*. Du kannst sie schön mit Schriften aus anderen Schriftgruppen kombinieren. Zwei serifenlose Schriften solltest du nach Möglichkeit nicht zusammen einsetzen. Das sieht schnell langweilig aus, weil sich die beiden zu sehr ähneln.

Typ 3: Hand- oder Schreibschriften

Ist die Schrift mit Feder, Pinsel, Füller oder Kalligrafiestiften geschrieben und sieht wie eine Handschrift aus, dann gehört sie in die dritte Gruppe.

Handschriften
Holiday   Alex Brush
Noteworthy   Painted

→ gibt es in allen Varianten

Hier gibt es ganz viele unterschiedliche Schriftarten. Ganz ordentliche Schriften mit wechselnden Strichstärken, die sehr stark ans Handlettering erinnern. Raue und ausgefranste Schriften, die wie mit einem breiten Pinsel geschrieben erscheinen. Oder schwungvolle Finelinerschriften, die so wirken, als würden sie nicht einmal auf einer Linie stehen. Für jeden Geschmack und jedes Thema ist bei den Handschriften etwas Passendes dabei.

So kannst du sie anwenden: Schreibschriften sehen am besten aus, wenn du sie ganz gezielt als Highlight in deine Designs einsetzt. Dann auch gerne groß, auffällig und farbig hervorgehoben. Für lange Texte eignen sich Handschriften nicht, weil sie schwerer lesbar sind als andere Schriftarten.

Typ 4: Schmuck- oder Zierschriften

Du suchst etwas ganz Besonderes? Dann bist du in Gruppe vier bei den Schmuck- oder Zierschriften richtig.

Zierschriften gibt es in jeder denkbaren Form: laut, leise, verspielt, ausgemalt, schwer lesbar oder mit zusätzlichen Linien. Verwende sie nur ganz gezielt für einzelne Wörter, Überschriften oder kurze Botschaften, die deinen Leserinnen und Lesern sofort ins Auge fallen sollen.

sind oft schlecht lesbar

Hier ist jeder Buchstabe ein eigenes Kunstwerk. Dabei geht es nicht so sehr um die Lesbarkeit oder darum, Zierschriften für lange Texte zu verwenden. Dazu eignen sie sich nicht. Vielmehr sollen sie ein Schmuckelement für dein Design sein. Schmuckschriften sind eine Dekoration und sollen auffallen.

Typ 5: Frakturschriften

In der letzten Schriftengruppe werden die Frakturschriften zusammengefasst. Diese Schriften sind sehr auffällig, weil sie so hart und gebrochen aufgebaut sind.

sehen richtig alt aus

Jeder Buchstabe ist wie mit einer breiten Feder gezeichnet und hat große Unterschiede in den Strichstärken. Dabei gehen die dünnen Striche ohne Übergang direkt in die breiten Striche über. Alles an der Frakturschrift ist kantig und eckig. Sie erinnert in ihrem gesamten Erscheinungsbild an das historische Mittelalter.

Frakturschriften werden heutzutage nur sehr selten verwendet, weil sie *schwer lesbar* sind und altmodisch erscheinen. Aber solltest du einmal ein Projekt zum Thema Mittelalter gestalten, weißt du jetzt, welche Schriftgruppe du verwenden kannst.

Erstelle einen Flyer am Tablet oder Computer

Es ist Zeit, dein Wissen über Schriften anzuwenden und auszuprobieren. Wir gestalten nun einen Flyer und konzentrieren uns dabei vor allem auf die Texte.

Material
- Tablet oder Computer
- das Programm Canva

Wir wollen einen Flyer im Format DIN A4 gestalten, der zu einem Flohmarkt in einer Schule einlädt. Der Flyer soll vor allem Kinder ansprechen und Lust machen, vorbeizukommen. Dazu benutzen wir einen Computer oder ein Tablet und das Programm Canva.

Canva ist ein vielseitiges Grafikprogramm, das du kostenfrei direkt über das Internet im Browser nutzen kannst. Gehe einfach auf die Website *www.canva.com/de_de*. Für dein Tablet oder Smartphone gibt es eine eigene App, die du über den App Store oder Google Play herunterladen kannst. Das Schöne an Canva ist, dass es so leicht ist, mit dem Programm zu arbeiten. Direkt auf der Startseite findest du schon eine große Auswahl an vorbereiteten Designbereichen wie Präsentationen, Social Media, Videos oder Druckprodukte. Klickst du auf einen Bereich, werden dir Beispiele und Vorlagen gezeigt, aus denen du dann einfach das passende Designformat wählst.

Und so geht es

Wir werden jetzt Schritt für Schritt in Canva aus einem typischen, aber auch langweiligen Textflyer ein tolles, modernes Design machen. Dabei wenden wir alle Tipps an, die du bisher schon gelernt und geübt hast. Los geht es!

1. **Erste Schritte in Canva**
Zuerst klickst du auf der Startseite von Canva unter *www.canva.com/de_de* oben in der Bilderleiste »Flyer« an. Nun öffnet sich ein neues Fenster, in dem du dein Design gestaltest. Gehe links auf »Vorlagen« und dann oben auf »Größe ändern«. Für unsere Übung habe ich das Designformat »Flyer (A4)« ausgewählt, gib hierfür 210 mm × 297 mm ein. Alternativ kannst du den Flyer auch auf der Website zum Buch herunterladen und direkt in Canva öffnen.

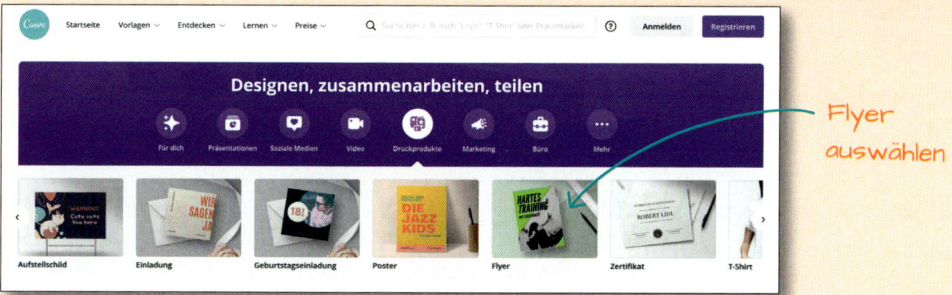

Flyer auswählen

2. Überblick über die Canva-Website

Auf der linken Seite ist ein Menü. Hier sind alle Bilder, Grafiken, das Textwerkzeug oder auch deine eigenen hochgeladenen Bilder zu finden. Einstellungen für deine Designdatei, wie die Größe, den Namen oder auch später den Download, kannst du in der oberen blauvioletten Menüleiste finden. Deine eigentliche Arbeitsfläche ist der weiße, leere Bereich in der Mitte. Zusätzliche Seiten kannst du über einen Button einfügen.

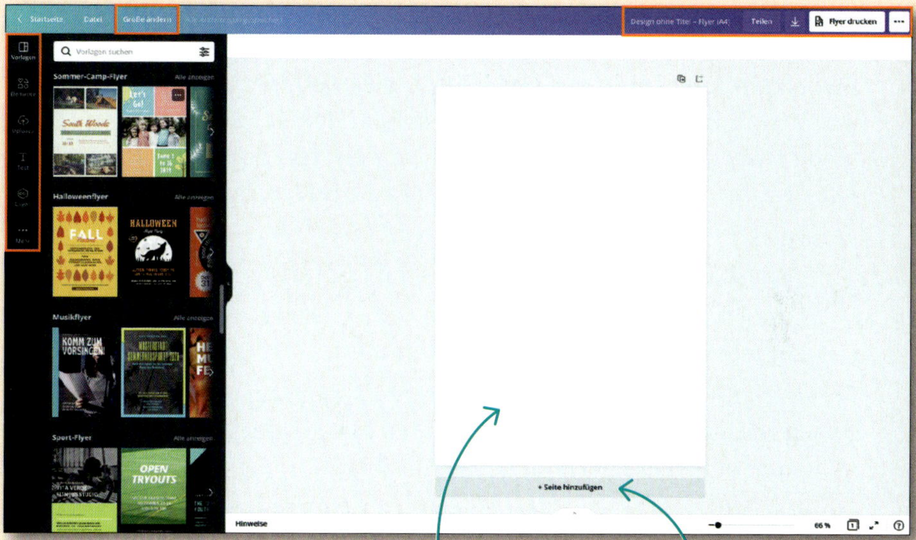

Größe und Formate ändern

Einstellungen für das fertige Design (Name, Design herunterladen oder drucken)

Vorlagen, Bilder, Texte und Elemente, die du einfügen kannst

Arbeitsfläche

weitere Seiten hinzufügen

3. So sieht der Flyer vorher aus

Für unsere Übung starten wir mit einem typischen Textflyer. Auf diesem sind zu Beginn nur der gelbe Hintergrund und vier Textfelder mit der Überschrift, den Angaben zum Veranstaltungstag und zwei Hinweisen zu den Dingen, die es auf dem Flohmarkt zu kaufen gibt. Geschrieben sind die Texte in einer gut lesbaren serifenlosen Schrift. Die Texte sind zentriert gesetzt und gleichmäßig über das A4-Format verteilt. Es gibt nur die Farben Gelb und Schwarz in diesem Layout. Wirklich einladend ist das Design noch nicht.

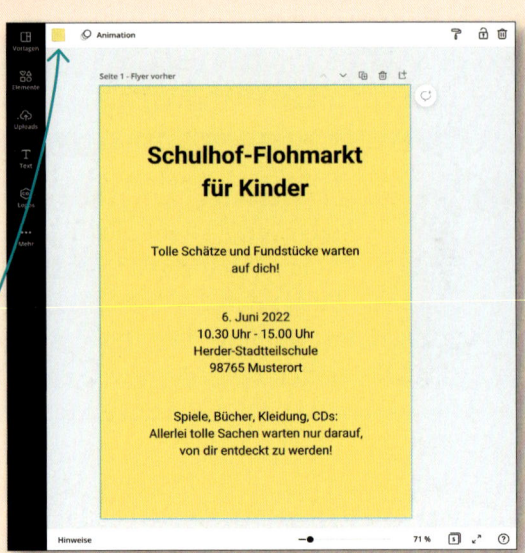

Hier kannst du in Canva die Eigenschaften der Objekte ändern, hier z.B. die Farbe.

4. Der Titel wird auffälliger

Bei einem Flyer muss auf den ersten Blick deutlich werden, worum es geht, sonst wird ihn keiner lesen. Darum soll im ersten Schritt die Überschrift verändert werden. Sie muss auffälliger werden. Von den Gestaltungstipps weißt du, dass du das über Kontraste in der Farbe und auch in der Schrift erreichst.

→ Die Schrift wird deutlich vergrößert.

→ Die Überschrift soll sich von den anderen Texten unterscheiden und gut zum Thema Schule passen. Darum wird sie zu einer Handschrift geändert, die an breite Marker oder Kreide erinnert.

→ Auch die Anordnung kann noch mehr Spannung vertragen. Indem der Bereich für den Titel auf den zweiten Platz in der Anordnung rutscht, entsteht ein toller Blickfang mitten im Flyer.

→ Die Farben sollen leuchten und knallig sein. Darum soll der Flyer in den drei Grundfarben Gelb, Rot und Blau gestaltet sein. Schwarz und Weiß können als zusätzliche Farben benutzt werden. Der Titel bekommt jetzt ein sattes, kräftiges Blau.

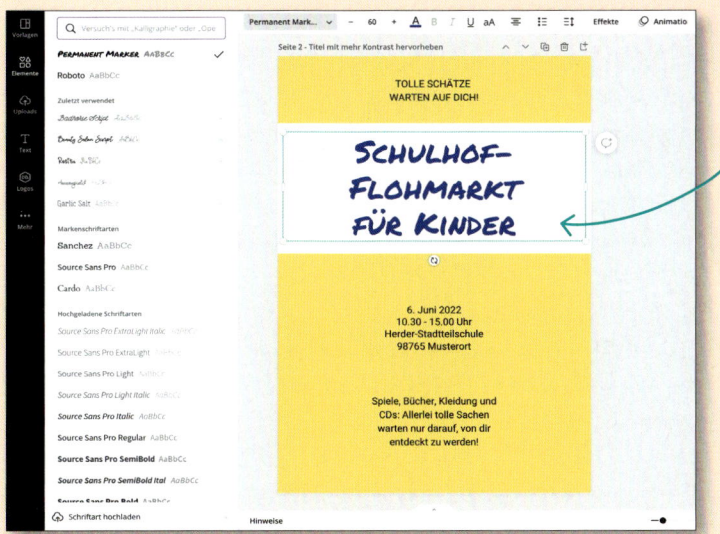

Ein einfarbiger Hintergrund ist langweilig. Mit einem weißen Bereich wird der Titel betont.

5. **Eine Illustration wird zum einladenden Blickfang**
Man kann sehr schöne Designs ausschließlich mit Schrift gestalten, das ist aber weniger passend für Kinder. Außerdem soll der Flohmarkt auch die Kinder ansprechen, die noch nicht gut lesen können. Eine Illustration ist dafür genau der richtige Blickfang.

Um die Bilder zu sehen, klicke links im schwarzen Balken auf »Elemente«. Gib in das schmale Suchfenster »Teenager« ein.

Du kannst deine Illustration auch verändern. Passe die Farben an deine Wünsche an, spiegle die Figur, oder vergrößere sie. Alle Werkzeuge dafür findest du in dem weiß hinterlegten Menü, wenn du die Illustration angeklickt hast. Die Farben der Illustration passen wir dabei so an, dass sie zu unserem Farbschema aus Gelb, Rot und Blau plus Schwarz und Weiß passen. Einzig das Orange der Shorts bildet eine Ausnahme, bleibt aber dezent im Hintergrund, um die Farbharmonie nicht zu stören. Der Infotext neben der Illustration rückt nach rechts.

6. **Mehr Kontrast für die Schriften**
Die serifenlose Schrift in den anderen drei Textfeldern sieht jetzt ein bisschen blass aus. Besser wird es, wenn die Schrift fett gesetzt wird.

Noch musst du das Datum für den Flohmarkt auf dem Flyer suchen. Das ist nicht gut, weil es ganz wichtig ist, dass alle sofort wissen, wann und wo die Veranstaltung stattfindet. Mach es deinen Leserinnen und Lesern einfach, und zeig die wichtigste Information viel auffälliger. Dafür kannst du auch ungewöhnliche oder lustige Wege gehen, zum Beispiel eine Sprechblase auswählen.

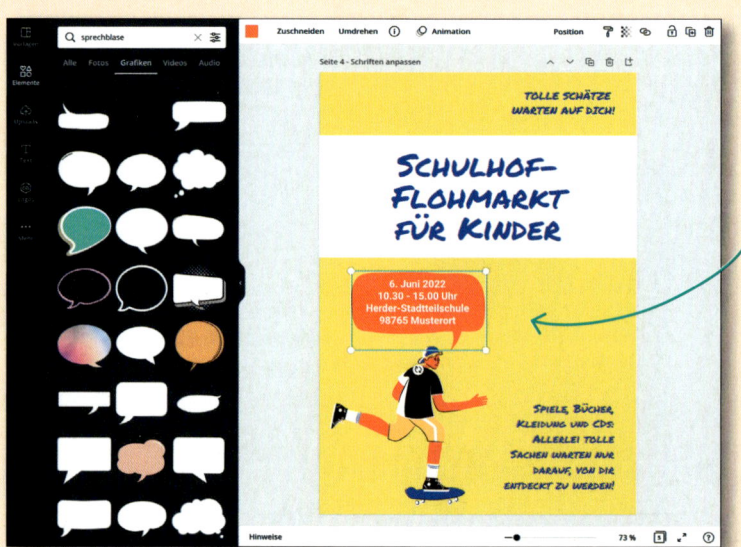

Jetzt sieht es so aus, als würde das Kind aus der Illustration den Leserinnen und Lesern sagen, wann der Flohmarkt ist.

Wie findest du eine Sprechblase? Die passende Grafik findest du in Canva. Gib dafür einfach das Wort »Sprechblase« in die Suchmaske ein.

Damit der Bezug zur Illustration noch klarer ist, wird die Sprechblase in Rot umgefärbt. Die schwarze Schrift wird weiß und wirkt so leichter und eleganter.

Jetzt ist es Zeit, auch die letzten beiden verbliebenen Texte anzupassen. Denn die schwarze Schrift stört jetzt im Design. Es soll nur noch Rot, Blau und Gelb geben. Dank der Illustration ist unten links schon viel Rot im Design. Als Gegengewicht wird der restliche Text im gleichen Blau wie die Überschrift gesetzt. Die Farben verteilen sich so gleichmäßig über den Flyer. Damit die Verbindung zwischen den drei blauen Schriften noch stärker zu erkennen ist, ändern wir die Schriftart für die kleinen Begleittexte auch in die Handschrift aus dem Titel. Die Schriftgröße bleibt unverändert klein.

7. Zum Schluss noch Verzierungen
Das neue Design sieht schon richtig gut aus. Nur zwei Bereiche wirken zu leer. Das ist einmal die Ecke oben links und das Loch in der Mitte über dem blauen Text. Inhaltlich braucht das Design keine weiteren Elemente. Alles, was wichtig ist, steht bereits auf dem Flyer.

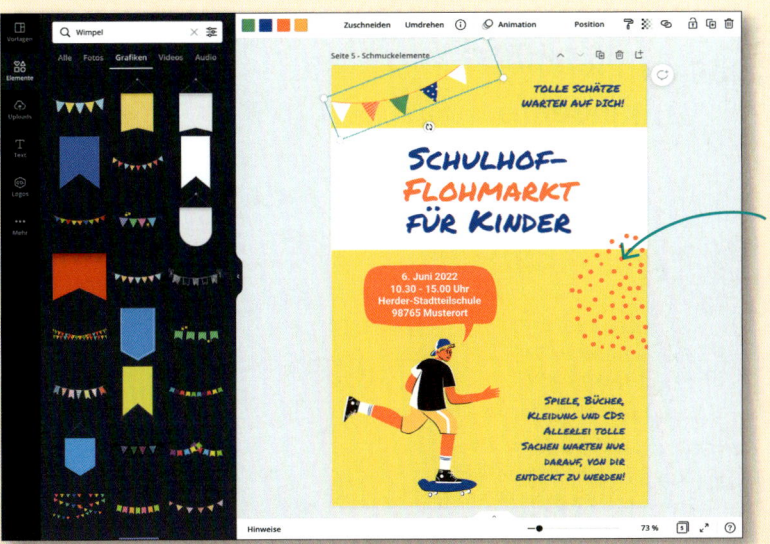

Die Löcher kannst du benutzen, um dein Design mit Verzierungen zu verschönern.

Canva bietet dir schöne Grafikelemente an. Achte unbedingt darauf, dass es kleine und nicht zu auffällige Verzierungen sind. Sie sollen den Leser nicht von den wichtigen Inhalten ablenken, sondern dein Design verschönern und unterstützen. Wimpelketten und ruhige Muster eignen sich dafür sehr gut.

Oben links wird eine leicht gemusterte Wimpelkette platziert. Jeder Wimpel sieht ein bisschen anders aus. Und einer passt eigentlich gar nicht in unsere Farbauswahl. Hast du ihn entdeckt? Solche kleinen Unstimmigkeiten, wie der grüne Wimpel, machen dein Design interessanter. Ich mag diese Spielereien sehr gerne. Ein rotes Pünktchenmuster schmückt den leeren Bereich in der Mitte. Wie findest du das?

Ganz zum Schluss kommt noch ein optischer Knaller. Das Wort »Flohmarkt« aus der Überschrift wird auch in Rot umgefärbt. So wird das Auge vom roten Wort »Flohmarkt« direkt zu der roten Sprechblase mit allen wichtigen Informationen weitergeleitet!

8. Der Vorher-Nachher-Vergleich

Wow, was für ein Unterschied! Der direkte Vergleich zwischen beiden Flyern zeigt, wie stark sich das Design verbessert hat.

Layouten wie ein Profi: Das Raster

> Überschriften gehören nach ganz oben, Texte darunter und Fotos werden gleichmäßig über das Design verteilt. Dass gutes Design so nicht funktioniert, das weißt du längst.

Wenn du dir besonders schöne Bücher, Flyer, Magazine oder Internetseiten anguckst, dann erkennst du, dass sie alle eine Gemeinsamkeit haben: Die Texte und Bilder sind nicht zufällig platziert. Sie sind nach einem festen Raster angeordnet. Man nennt das ein Gestaltungsraster. Es ist ein Grundgerüst für dein Design, das aus einer festen Anzahl von gleich breiten Spalten besteht, die man sich hinter dem Layout denken kann.

Du entscheidest direkt zu Beginn, wie viele Spalten dein Design haben soll (zum Beispiel vier Spalten). Zwischen den Spalten ist immer ein kleiner, fester Abstand, damit die Inhalte nicht zu nah beieinanderstehen und gut zu erkennen sind. Die Spalten geben allen Elementen Halt: Jede Überschrift, jeder Text und jedes Foto findet so seinen Platz. Auch bei 100 Seiten. Professionelle Designer und Designerinnen erkennen dieses Gestaltungsraster sofort. Sie haben sich so sehr daran gewöhnt, die Achsen und Spalten zu sehen, dass sie gar nicht mehr anders können. Dir geht es sicher auch so, wenn du ein bisschen mehr Erfahrung hast. Guck dir doch einmal dein Lieblingsmagazin an. Kannst du dort das Gestaltungsraster erkennen?

Schau dir die Beispielseite aus dem Kaninchenbuch von Pia an, das sie letztes Jahr geschrieben hat. Es beruht auf einem Gestaltungsraster mit vier Spalten. Die Überschriften sind zentriert über die gesamte Breite des Gestaltungsrasters angeordnet. Die Texte sind etwas schmaler und verlaufen über die Breite von drei Spalten. Die Fotos beginnen in der vierten Spalte und reichen locker bis an oder über den Seitenrand. Die Seitenzahl ist ebenfalls auf jeder Seite in der gleichen Höhe.

EIN GESTALTUNGSRASTER FÜR DIE SCHÜLERZEITUNG

Alle professionellen Designs folgen einem Gestaltungsraster. Das gilt auch für Magazine, Zeitschriften und deine Schülerzeitung.

In einer Zeitung gibt es viele verschiedene Beiträge: Fotos im Hoch- oder Querformat, lange Artikel, kurze Notizen, Interviews, umfangreiche Berichte, Gedichte oder Zeichnungen. Die Schwierigkeit besteht darin, dass jeder Beitrag unterschiedliche Anforderungen an dich als Designer*in stellt.

→ Eine kurze Notiz verliert sich, wenn du sie über die gesamte Seitenbreite setzt. Hier wäre ein kleiner Zweispalter besser geeignet.

→ Ein textreiches Interview kannst du hingegen über die gesamte Breite setzen. In einem Zweispalter würde es sehr gequetscht aussehen und wäre nur schwer zu lesen.

Dein Layout für die Schülerzeitung muss eine Lösung für alle Inhalte haben. Trotz dieser Herausforderungen kannst du leicht ein aufgeräumtes Design gestalten, das harmonisch wirkt und positiv auffällt: Du nutzt ein Gestaltungsraster.

MATERIAL

- Computer oder Tablet
- ein Programm, in dem du die Schülerzeitung gestaltest
- Fotos und Texte, die du in der Schülerzeitung veröffentlichen willst

---

–> Tipp <–

Stell dir das Gestaltungsraster wie ein Regal in deinem Zimmer vor, in das du ganz viele Bücher (*ein langes Interview mit viel Text*) und nur eine Kiste mit Spielfiguren (*eine kurze Notiz mit wenig Text*) einsortieren willst. Für die Bücher brauchst du viel Platz und benutzt also viele Regalböden (*die ganze Breite in deinem Gestaltungsraster*). Für die Kiste brauchst du weniger Platz und kommst gut mit einem Teilstück des Regals aus (*nur zwei Spalten von deinem Raster*).

Wenn du eine Zeitung gestaltest, brauchst du eine Software, die sich auf Layouts spezialisiert hat. Denn das Besondere an Zeitungen ist, dass für alle Seiten die gleichen Einstellungen gelten. So soll zum Beispiel auf allen Seiten links und rechts ein Rand von zwei Zentimetern frei bleiben, die Überschriften sollen immer eine Größe von 26 Punkt haben, und es soll vier Spalten geben. Du willst das ja nicht für jede Seite neu ausmessen und einstellen, oder?

Darum sind Grafik- und Zeichenprogramme wie beispielsweise Procreate oder auch Canva für umfangreiche Layoutdesigns nicht so gut geeignet. In Textprogrammen wie Word oder Open Office kannst du Seitenabstände, die Anzahl und Art der Spalten und auch die Schriften gut formatieren. Darum eignen sie sich viel besser für deine erste Schülerzeitung. Außerdem hast du sicher schon für andere Schulprojekte mit Textprogrammen gearbeitet und weißt, wie diese funktionieren. Für die Profis gibt es spezielle Layoutprogramme wie Adobe InDesign oder Affinity Publisher (Seite 024), die sich ganz auf professionelle Layouts spezialisiert haben. Selbst umfangreiche Magazine und Bücher mit hunderten Seiten sind für diese Programme kein Problem.

Die Grundlagen für gute Layouts sind jedoch immer dieselben, egal für welches Layoutprogramm du dich entscheidest. Nicht die Software entscheidet über die Qualität, sondern deine Ideen!

© maicasaa, Shutterstock

Und so geht es

Ein Gestaltungsraster baut man *von außen nach innen* auf. Erst kommen die Ränder, dann die Spalten, und zum Schluss wird der Inhalt eingesetzt. Das klingt nach viel Arbeit, aber keine Sorge, mit dieser Anleitung geht es ganz leicht.

1. Die Ränder festlegen

Jede Schülerzeitung hat ein festes Format. Am häufigsten ist das ein A4-Format pro Seite beziehungsweise ein A3-Format für die Doppelseite. Das kann man problemlos drucken, und die Zeitung passt sehr gut in jeden Ranzen.

DIN A4 = 210 × 297 mm (21 × 29,7 cm)
DIN A3 = 297 × 420 mm (29,7 × 42 cm)

Den Text schreibst du aber nicht bis zum Rand deiner Seite. Denn dann könnte man nie in der Zeitung lesen, ohne mit den eigenen Fingern den äußeren Text oder die Bilder zu verdecken. Lege darum in Schritt eins fest, wie viel Platz du nach oben, unten, links und rechts frei lassen möchtest.

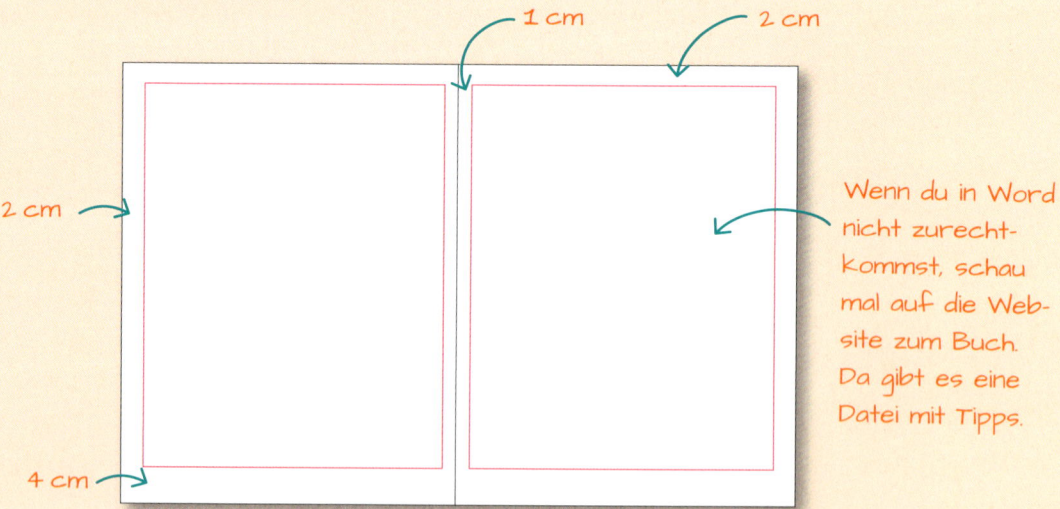

*An der Außenseite ist der Rand etwas breiter als auf der Innenseite. Oben ist der Abstand kleiner als unten. Bei diesem Zeitungsdesign sollen die Einzelseiten **getackert** werden, sodass ein Abstand von etwas mehr als einem Zentimeter ausreicht. Möchtest du die Zeitung **lochen**, solltest du mindestens zwei Zentimeter Platz auf der Innenseite einplanen.*

2. Wie viele Spalten soll dein Gestaltungsraster haben?

Du kannst frei festlegen, wie viele Spalten du für dein Layout haben möchtest. Für dein erstes Zeitungslayout kannst du gut mit vier Spalten starten. So hast du genügend Spielraum für die Texte, Bilder und Überschriften, und das Design ist nicht zu kleinteilig.

Später kannst du auch mit mehr Spalten arbeiten und deine Designs so noch detaillierter planen. Professionelle Designer*innen verwenden besonders gerne ein 12-spaltiges Raster, weil sie so besonders viel Flexibilität für ihre Entwürfe haben.

Vier Spalten bieten viel Flexibilität.

Für ein vierspaltiges Raster teilst du deine Fläche auf jeder Seite in vier gleich große Spalten ein. Zwischen den Spalten ist ein kleiner Abstand. Das ist dein Gestaltungsraster, an dem du nun alle Elemente ausrichtest.

3. So planst du das Design für deine Schülerzeitung

Endlich kannst du mit dem Design loslegen: Es ist Zeit für deine Texte, Fotos und Bilder. Für kurze Zitate oder Notizen reicht eine Spalte. Für Inhalte mit mittlerem Umfang kann man zwei oder drei Spalten in der Breite wählen. Alle langen oder großen Elemente bekommen die komplette Breite von vier Spalten zugeordnet.

Hier siehst du verschiedene Entwürfe mit Platzhaltern für Texte und Fotos. Achte darauf, wie unterschiedlich die Zeitungsseiten wirken und wie vielfältig du Bilder und Texte anordnen kannst. Trotzdem sehen alle Entwürfe harmonisch und professionell aus – dem Gestaltungsraster sei Dank.

Die Überschrift und ein Hauptfoto über vier Spalten kennzeichnen dieses Layout und sind der große Blickfang. Lange Texte reichen über zwei Spalten. Kurze Texte sind nur eine Spalte breit. Das ganze Design ist **ruhig und gleichmäßig.**

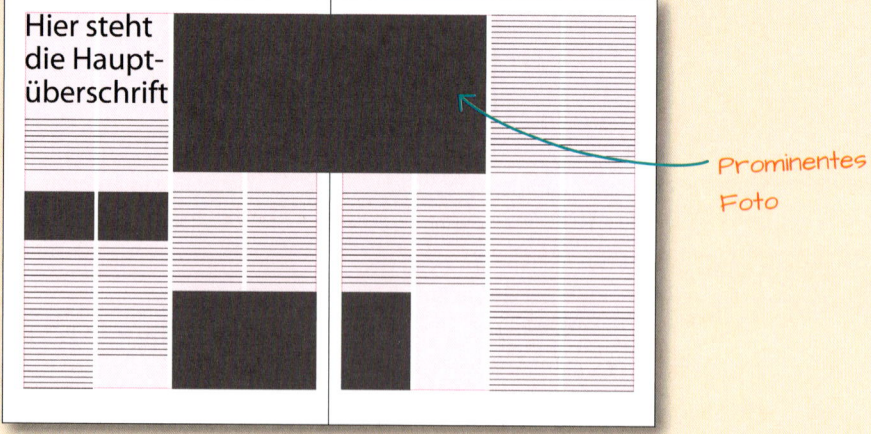

Bei diesem Layout gibt es ein ganz großes Foto genau in der Mitte. Es reicht über vier Spalten und **verbindet beide Einzelseiten.** Bei so großen Bildelementen kann auch der Textanteil großflächig sein. Magst du so große Fotos?

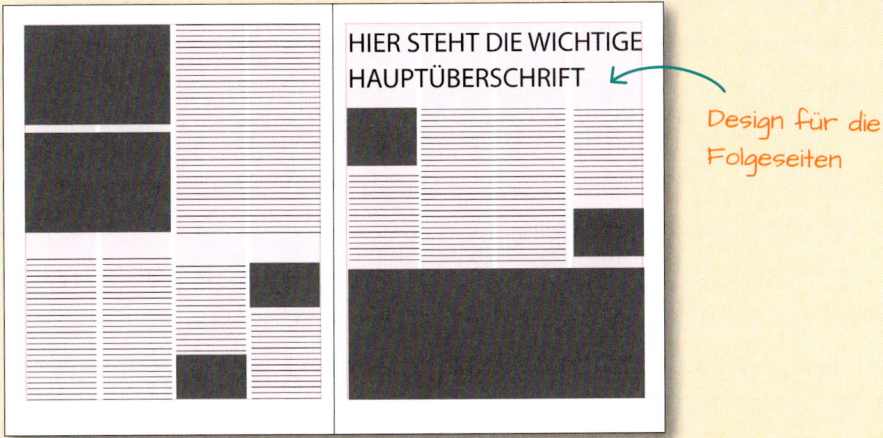

Design für die Folgeseiten

Wenn deine Schülerzeitung viele Seiten hat, stehen Hauptüberschriften auch mal auf der **rechten Seite**. Entwirf auch für die Folgeseiten für diesen Fall ein Design.

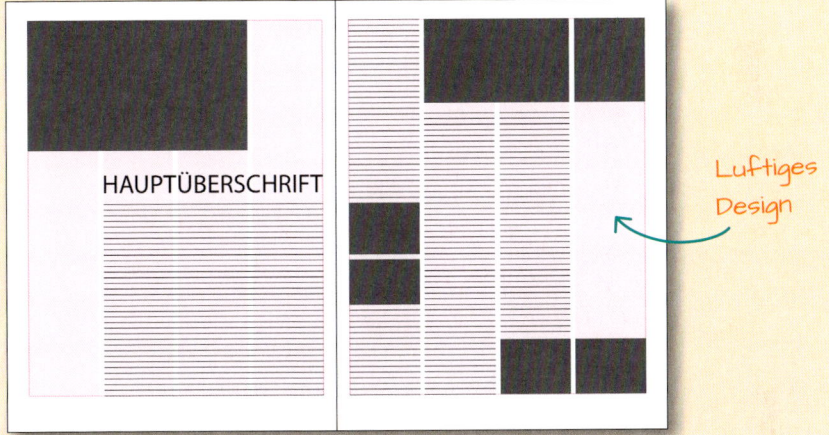

Luftiges Design

Dass du dich für ein vierspaltiges Design entschieden hast, bedeutet nicht automatisch, dass du auch alle Spalten füllen musst. Ganz im Gegenteil. Gerade diese nicht genutzten Bereiche geben deinem Design einen professionellen Look und machen dein Layout schön luftig. Designer*innen nennen diese nicht benutzten Flächen **Weißraum**.

4. Die fertige Schülerzeitung

Richtig professionell und schön sieht die fertige Seite deiner Schülerzeitung aus. Es gibt Fotos, die über die ganze Seite reichen, aber auch kleine und mittelgroße Bilder. Die Texte sind mal lang und mal kurz. Diese vielen Unterschiede fallen aber gar nicht mehr auf. Wie gut, dass es Gestaltungsraster gibt!

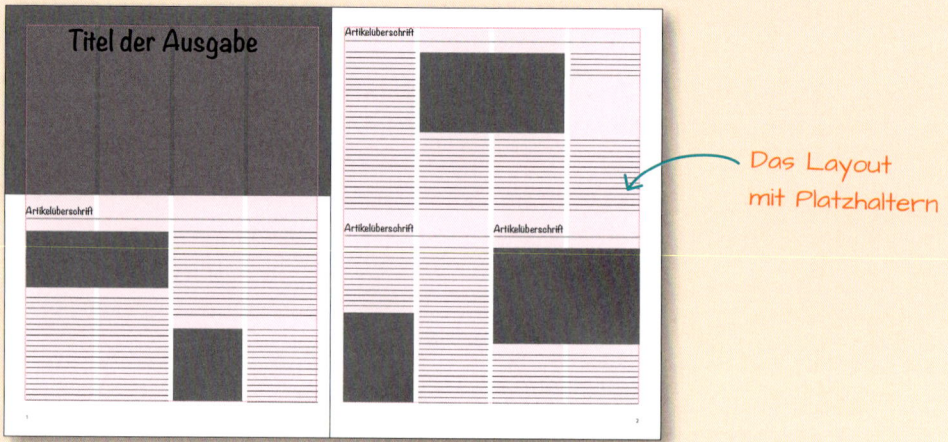

Das Layout mit Platzhaltern

Das *geplante Layout* für unsere Schülerzeitung hat ein großes Foto als Blickfang, das sogar über den Rand hinausgeht. Der Text ist als Zwei- oder Einspalter gestaltet. Die einzige Ausnahme bilden die Artikelüberschriften, die auch über alle vier Spalten reichen können. Fotos innerhalb der Artikel reichen über eine oder zwei Spalten.

Das Layout mit Text und Fotos

Hier erkennst du das *Zusammenspiel* zwischen Gestaltungsraster und Inhalten.

Ein Gestaltungsraster für die Schülerzeitung – 145

Betrachtest du nun die fertig gestaltete Doppelseite, so siehst du, wie sich Text und Bilder harmonisch zusammenfügen, und erkennst das Gestaltungsraster, ohne dass es angezeigt wird. Du hast viel dazugelernt!

Das fertige Design für die Schülerzeitung. Es ist professionell geworden!

–> Designen ist wie Kochen <–

Mit dem Grafikdesign ist es ein bisschen wie mit dem Kochen. Du brauchst alle Zutaten und musst wissen, was du in welcher Reihenfolge hinzufügen musst, um ein tolles Ergebnis zu bekommen. Nur heißen die Zutaten im Design Linien, Texte, Bilder und Abstände, und die richtige Reihenfolge ergibt sich, wenn du die Gestaltungstipps anwendest. Das finale Design ist dann dein fertig angerichteter Teller.

— Kapitel 6 —

Deine Comic-Werkstatt

»Bähmm! Knall! Ihhhhgitt!« Wenn starke Bilder auf kurze, knackige Texte treffen, entstehen die schönsten Bildgeschichten. Dabei sind Comics eine spannende Kunstform und so viel mehr als Bilderserien für kleine Kinder. Wie auch du tolle Comics zeichnen kannst, das zeige ich dir jetzt.

Comic-Grundlagen

Comics kennst du in vielen Varianten. Mal sind es nur Einzelbilder, mal kurze Storys mit fünf oder sechs Bildern und mal Geschichten, die komplette Bücher füllen. Wenn du mit dem Zeichnen von Comics startest, beginne besser klein und mit wenigen kurzen Bildern. Konzentriere dich auf die Story, die du erzählen willst. Vielleicht brauchst du dafür auch nur ein einziges Comicbild, das dafür besonders kreativ gestaltet ist?

> Das Schöne an Comics ist, dass du deinen Leserinnen und Lesern Geschichten genau so zeigen kannst, wie du sie dir vorstellst. Zeichnungen sind eindeutig, und alle sehen sofort, worum es geht.

Eine Comic-Katze auf dem Weg zu den Sternen: mit einem coolen Comicbild ist das kein Problem und sieht großartig aus!

In Comics werden Geschichten mit Bildern und wenigen, kurzen Sätzen erzählt. Damit gehen Comics im Vergleich zu den normalen Romanen genau den umgekehrten Weg: Statt mit vielen Worten Situationen zu beschreiben, zeigt der Zeichner oder die Zeichnerin die Bilder und lässt so ganze Welten entstehen.

Du kannst das ja direkt einmal ausprobieren: Stell dir einen kleinen weißen Hund mit grauen Flecken vor, der auf einer grünen Wiese steht. Wie sieht dein Hund aus? Hat er glattes oder strubbeliges Fell? Knickohren oder lange Hängeohren? Kurze oder lange Beine? Es gibt unzählige Möglichkeiten, wie ein kleiner Hund aussehen kann, wenn man ihn nur mit Worten beschreibt.

Ganz anders ist es, wenn du auf dieses Bild guckst. Da hast du sofort genau den Hund vor Augen, an den ich beim Zeichnen gedacht habe. Das macht Bilder zu so starken und faszinierenden Möglichkeiten, eigene Ideen auszudrücken. Darum sind Comics so großartig!

Ein Comic entsteht: deine Story

Jeder Comic beginnt mit deiner Geschichte. Für den Anfang brauchst du dir noch keine komplizierte oder umfangreiche Handlung zu überlegen. Es kann etwas ganz Einfaches sein!

Ihre Ausdruckskraft bekommen Comics, weil sie ganz klar und eindeutig Bild für Bild eine Geschichte erzählen. Bei jedem neuen Bild musst du dir überlegen, wie du die Botschaft und den Inhalt am besten deinen Leserinnen und Lesern vermittelst.

→ Was willst du sagen und zeigen?
→ Welcher Augenblick ist wichtig für deine Geschichte?

Lass uns einmal Schritt für Schritt gucken, wie aus einer Idee ein fertiger Comic wird. Nehmen wir zum Beispiel an, du willst eine Figur zeigen, die läuft, mit viel Schwung abspringt und bei der Landung einen Ballon platzen lässt. Deine Geschichte besteht dann aus acht Einzelschritten:

① Figur läuft, ② Figur holt Schwung, ③ Figur springt ab, ④ Figur fliegt hoch, ⑤ Figur macht einen hohen Bogen in der Luft, ⑥ Figur fliegt wieder herunter, ⑦ Figur landet genau auf dem Ballon, ⑧ Ballon zerplatzt

Skizziere dir also zunächst ganz grob, wie der Ablauf deiner Story sein soll. Jeder Schritt ist dann ein einzelnes Bild, das man im Comiczeichnen als Panel bezeichnet.

Ganz einfache Strichmännchen reichen für die ersten Skizzen völlig aus! In diesem Schritt geht es nur darum, festzulegen, wie viele Bilder du brauchst, damit die Leser*innen deine Geschichte verstehen können.

Probiere jetzt aus, welche Zwischenschritte du streichen kannst. Wenn du die Panels weglässt, die unnötig sind, wird die Geschichte schneller und dynamischer. Das macht deine Story für die Leser*innen spannender, denn sie fügen die fehlenden Bilder selbst im Kopf ein.

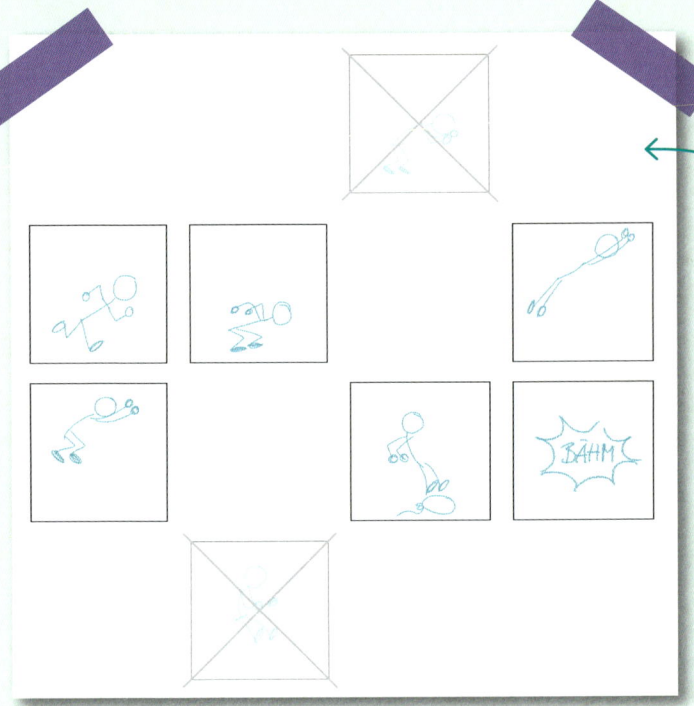

In unserem Beispiel können zwei Panels entfernt werden, die das Hochspringen und das Herunterkommen zeigen. Es reicht völlig, wenn man zeigt, wie die Figur Schwung holt, hochfliegt, einen hohen Bogen in der Luft macht, auf dem Ballon landet und dieser zerplatzt.

-> Tipp <-

Du möchtest schnell loslegen und hast keine Lust, dir viele Kästchen für die Panels vorzuzeichnen? Dann nimm dir einfach ein Blatt Papier, falte es einmal in der Mitte zusammen, dann noch einmal in der Länge und einmal in der Breite. Wenn du das Blatt dann wieder auseinanderfaltest, hast du acht gleichmäßige Knickfelder, die du sehr gut für deine Skizzen nehmen kannst.

Der Bildausschnitt

Ein Comic, bei dem in jedem Bild der gleiche Ausschnitt und die gleiche Perspektive gezeigt wird, sieht zu gleichmäßig aus. Das ist für deine Leser*innen nicht spannend. Wie gut, dass du schon die Gestaltungsregeln von Seite 110 kennst. Diese Tipps kannst du jetzt auch für dein Storyboard nutzen.

In einem Comic zeigt jedes Panel einen kleinen Ausschnitt der gesamten Geschichte. Darum sind die Bildausschnitte so wichtig.

Guck dir die Bilder an, und *überlege, welche Details und Ausschnitte du zeigen willst.* Wie groß, klein, nah oder fern willst du deine Story erzählen? Wo kannst du mit Kleinigkeiten mehr Spannung erzeugen? Was lässt du in den Bildern weg?

→ Das erste Bild soll die Leser*innen neugierig machen und einen guten Eindruck von der Gesamtszene geben: Wo ist die Figur und wie sieht es dort aus? Hier profitiert dein Comic, wenn du die Szene viel weiter in die Ferne rückst.

Hier siehst du noch einmal die ursprüngliche Skizze.

→ Bild zwei und drei sollen im Wesentlichen gleich bleiben.
→ In Bild vier soll der Ausschnitt weiter in die Ferne rücken, und die Leser*innen sehen zum ersten Mal den Ballon.
→ Sehr viel näher wird der Ausschnitt in Bild fünf. Hier sollen die Leser*innen nichts weiter als die Füße und den Ballon kurz vor dem Aufprall sehen. Diese sehr große Detailaufnahme ist sehr spannend!
→ Bild sechs ist unverändert.

Zeichne deine neuen Ideen jetzt grob in deine Skizze ein.

*Die neue Bildabfolge mit den wechselnden Ausschnitten ist abwechslungsreich und lädt die Leser*innen ein, den Comic zu lesen.*

Deine Zeichnungen

Jeder Designer und jede Kreative hat einen eigen Zeichenstil. Deinen Stil kannst du jetzt auch in deinem Comic zeigen.

Sobald der Grobaufbau fertig ist, kannst du mit genauen Zeichnungen für deine Figuren starten. Verfeinere deine Bilder immer weiter, und füge Details hinzu. Über folgende Details solltest du dir nun klarwerden:

→ Was trägt deine Figur? Wie sehen die Haare aus?
→ In welcher Umgebung findet deine Geschichte statt?
→ Wie viel sieht man von der Umgebung?
→ Wie ist die Perspektive im Bild?
→ Und wie ist der Gesichtsausdruck der Figur?

Schaue dir bei der Entwicklung deiner Figuren in jedem Fall auch die Seiten 097 zu den Gesichtsausdrücken, Seite 169 zu den Proportionen und Seite 156 zur Figurenentwicklung an.

Beginne mit einer Bleistiftzeichnung, und probiere aus, wie dir deine Bilder und deine Hauptfigur am besten gefallen. Zum Schluss kannst du die fertigen Bilder mit einem dunklen Fineliner oder Marker nachzeichnen.

Statt jedes Bild immer wieder neu zu zeichnen, kannst du deine Skizzen auch ganz einfach am Fenster durchpausen. Lege dafür ein neues weißes Blatt auf deine ursprüngliche Skizze, und lege beide vielleicht direkt an die Fensterscheibe. Jetzt kannst du die Linien und Figurskizzen einfach durchpausen, sooft du möchtest.

Du arbeitest digital mit einer Zeichen-App? Dann denk daran, für jede Skizze eine neue Ebene anzulegen. Diese Ebenen kannst du dann später so ein- oder ausblenden, wie du sie brauchst.

Der Text für deinen Comic

Jetzt ist es Zeit für deine Texte! Wie viel oder wenig Text du für deinen Comic brauchst, dass finden wir jetzt heraus.

Texte helfen dir dabei, deine Ideen und die Situationen noch klarer zu vermitteln. Das ist gerade bei zeitlichen Angaben oder Sprüngen in deiner Story sehr nützlich für dich.

Deinen Leserinnen und Lesern kannst du all das mit Texten sagen, was die Bilder allein nicht erzählen können. Dabei kannst du deine Texte *ganz verschieden nutzen:*

→ als Einleitungstext, der die Situation beschreibt
→ als Gedankenblase, die zeigt, was deine Figur denkt
→ als Sprechblase, in der steht, was deine Figur wirklich ausspricht
→ um Geräusche deutlich zu machen

Mit Texten kannst du auch Bewegungen oder Geräusche zeigen.

Bei der *Schrift* kannst du frei wählen, welche Schriftart am besten zu deiner Geschichte passt. Besonders oft sieht man in Comics Handschriften. Das harmoniert sehr gut mit den gezeichneten Bildern. Aber du kannst auch andere Schriften wählen, wenn es deine Story unterstützt. Mehr zu den verschiedenen Schriftarten und der Wirkung einzelner Schriften hast du schon auf Seite 126 erfahren.

Guck dir hier einmal die folgenden Beispiele mit unterschiedlichen Schriftarten an. Es ist das erste Panel aus unserem Comic, soll jetzt aber der Beginn für eine ganz andere Geschichte werden. Dabei soll das Thema des Comics allein schon über die Schriftart deutlich werden. Schau mal, wie gut das funktioniert.

Dein Comic spielt in der Vergangenheit, vielleicht sogar vor 100 Jahren? Dann entscheide dich für eine historische Schrift, die sehr gut den Charakter der Zeit spiegelt.

Eine Serifenschrift ist gut lesbar. Sie wirkt seriös und elegant. Ein Comic mit dieser Schriftart ist gut für neutrale, ernste oder allgemeine Themen geeignet.

Mit einer Schreibschrift erscheint der Text wie aus einem Tagebuch. Vielleicht ist dieses Panel der Start in einen Comic über einen Ausflug mit der Schulklasse?

Der direkte Vergleich macht deutlich, dass das gleiche Panel mit einer anderen Schrift sofort einen völlig anderen Charakter bekommen kann.

Farben für deinen Comic

Die passende Farbwelt für deinen Comic festzulegen, kann eine echte Herausforderung sein. Wie kannst du dich für deine persönliche Farbauswahl entscheiden? Beginne einfach damit, dass du dir überlegst, was gut zu deiner Geschichte passt:

> Comics gibt es in vielen Farbversionen. Es gibt Bildergeschichten nur in Schwarz-Weiß oder mit sehr reduzierten Tönen. Manche Comics sind aber auch sehr bunt und strahlen nur so vor Vielfalt.

→ Wie ist die *Stimmung* deines Comics? Ist es eine sommerliche, fröhliche Geschichte, die viel Farbe verträgt? Oder eine ruhige und gedeckte Story, die weniger Farbe braucht? Du brauchst einen Tipp zu den Farbkontrasten? Dann guck noch einmal Seite 046 an.

→ Möchtest du kalte oder warme *Farbtöne* nutzen? Lass dich auch von den Beispielen von Seite 122 inspirieren.

→ Weißt du jetzt schon, auf welche Farben du auf keinen Fall verzichten willst? Oder kannst du schon Farbtöne ausschließen?

→ Guck dir jetzt deine Comiczeichnung in Ruhe an: die Hintergründe, die Figuren und die wichtigen Gegenstände. Wie viele unterschiedliche *Farbflächen* hast du zu kolorieren? Oft sind es viel weniger, als du denkst, weil es in allen Panels die gleichen Figuren und Szenen sind!

Lege dir dann für alle Flächen eine Farbe bereit, und beginne mit dem Kolorieren. Wenn du Panel für Panel komplett durchzeichnest, kannst du sehr gut sehen, wie die Farben zusammenwirken. Ich zeichne aber lieber Farbe für Farbe in allen Panels gleichzeitig. Erst überall die Figur, dann den Himmel, dann den Boden – so nimmt der gesamte Comic gleichmäßig Gestalt an.

Fertig! Spannende Bildausschnitte, gute Texte, passende Farben und coole Zeichnungen machen deinen Comic zu deinem kleinen Meisterwerk.

Figuren für deine Comics

Lustige Katzen, gefährliche Zwerge, winzige Roboter, wütende Dinosaurier oder fröhliche Strichmännchen – in deinem Comic können ganz viele Figuren mitspielen. Doch wie sollen diese Figuren aussehen?

> Oft gibt es in einem Comic mehrere Figuren, die zusammen deine ausgedachte Story durchleben. Ein paar sind gute, freundliche Figuren und andere Bösewichte. Aber erst, wenn alle zusammen auftreten, ist deine Geschichte perfekt.

Keine Sorge, du brauchst keine komplizierten Figuren, um einen guten Comic zu erzählen. Beginne mit ganz einfachen Männchen, die nur aus einem Kugelkopf und einem Strichkörper bestehen. Später kannst du deine Figuren weiter verfeinern und mehr Details zeichnen. Auf den folgenden Seiten findest du viele Vorlagen, die dir helfen.

Dabei kannst du den Charakter deiner Figuren nicht nur durch die Körperformen zeigen. Du kannst deinen Lesern und Leserinnen auch über die Farben und den Gesichtsausdruck viel über deine Figuren erzählen. Diese Tipps helfen dir dabei, das auch direkt zu zeigen:

Positive Figuren sind zum Beispiel Helden oder Freunde. Im Comic werden sie oft so gezeichnet:
→ Ihre Farben sind hell, warm oder leuchtend.
→ Sie haben runde, weiche Formen.
→ Sie wirken insgesamt freundlich und sympathisch.
→ Haare, Augen und Kleidung sind in fröhlichen Tönen gezeichnet.

Negative Figuren und Bösewichte sieht man hingegen häufig so gezeichnet:
→ Ihre Farben sind dunkel, trüb oder kalt.
→ Sie haben eher eckige, spitze Formen.
→ Sie wirken düster oder gefährlich.
→ Ein fieser Gesichtsausdruck verrät sofort den Bösewicht.

STRICH FÜR STRICH ZUR COMICFIGUR

ÜBUNG

In jedem Comic gibt es mindestens eine Hauptfigur. Kein Wunder, dass es dir am Herzen liegt, dass diese Figur besonders gut gezeichnet ist.

Um Figuren auszuprobieren und deine Charaktere zu üben, kannst du dir ein einfaches Linienraster aus fünf Linien zeichnen. Der Abstand zwischen den Linien ist dann genau eine Kopfhöhe. Das ist dein Maß, um eine Figur zu zeichnen. Dieser kleine Trick ermöglicht es, dass alle Figuren in deiner Geschichte auf die gleiche Art gezeichnet sind und gut zusammenpassen.

MATERIAL

- ein Blatt Papier (das Linienraster findest du im Downloadbereich)
- Stifte

Und so geht es

Kein Zeichner und keine Designerin können ohne Übung tolle und charakteristische Figuren gestalten. Auch wenn es manchmal so leicht aussieht, wenn du deinen Vorbildern beim Zeichnen zuschaust: Alle, wirklich alle haben mit einfachen Strichfiguren begonnen und dann nach und nach Details und Ideen hinzugefügt. Also los, schnapp dir einen Bleistift und fang einfach an!

 Beginne mit einem Strichmännchen
Den Anfang macht eine ganz einfache Strichmännchenfigur. So einfach kann es sein, eine Comicfigur zu zeichnen! Ein Strichmännchen reicht schon, um ganz viele Bewegungen darzustellen. Probiere verschiedene Haltungen aus. Wie wäre es, wenn dein Männchen läuft oder sich am Kopf kratzt?

Der Kopf ist ein Kreis, während Körper, Arme und Beine nur simple Striche sind. Für die Hände und Füße kannst du ovale Kreise zeichnen – ich nenne sie auch gerne Kartoffelhände.

2. Zeichne eine Figur mit Grundformen

Die Strichmännchen klappen? Dann ersetze doch mal den Strichkörper durch eine geometrische Form. Teste und finde heraus, was dir persönlich gut gefällt. Die Kartoffelhände und -füße bleiben gleich. Diese Formen kannst du im nächsten Schritt weiter verfeinern.

Der Körper kann kegelförmig sein oder ein Dreieck. Auch den Kopf kannst du verändern und statt des Kreises ein abgerundetes Rechteck zeichnen. Schon hast du eine einfache Figur aus Grundformen.

3. Eine Figur mit Kleidung, Haaren und Händen

Das Gute ist, dass du jetzt schon alles gelernt hast, was du für deine Figuren brauchst. Denn egal wie kompliziert eine Figur aussieht, so lässt sie sich doch immer wieder auf die einfachen geometrischen Grundformen zurückführen. Denk dir mal die Kleidung, die Haare und die Handform weg, dann hast du wieder deine Grundfigur aus Schritt zwei. Das ist großartig, denn das kannst du jetzt schon. Ob du deine Figur groß und dünn haben möchtest oder lieber klein und gedrungen, kannst du ganz allein entscheiden. Die Grundfigur ist die gleiche.

Ein runder Kopf, ein kegelförmiger Körper und Strich-Gliedmaßen. Wenn du mit der Haltung und der Grundform zufrieden bist, kannst du deine Figur anziehen. Zeichne dafür einfach Haare, einen Pulli und eine Hose über die Grundformen. Wie bei einer Anziehpuppe. Haare, Taschen, Muster auf der Kleidung – sie alle geben deiner Figur ihren Charakter.

4. Jetzt zeichnest du Fantasiefiguren

Vampire, Superhelden, Zauberer, Hexen und Zwerge erkennst du in jedem Comic auf den ersten Blick. Alle diese Fantasiefiguren haben typische Merkmale. Spitze Zähne, wallende Umhänge, hohe Hüte, Besen, Spaten oder Masken zeigen den Lesern und Leserinnen sofort, was die Figur macht.

Diese typischen Merkmale kannst du jetzt verwenden, um aus deinen normalen Figuren Fantasiewesen zu machen. Teste doch mal, wie eine freundliche Vampirin aussieht und wie für dich ein Zwerg mit richtig schlechter Laune gezeichnet sein muss.

5. So viele weitere Figuren

In deinem Comic gibt es Monster, Dinos, Außerirdische und Roboter? Auch die lassen sich einfach aus den Grundformen aufbauen, die du jetzt schon so gut kennst.

Deine Heldenreise: So schreibst du eine spannende Story

Jeder Comic braucht eine Handlung. Denn ein Held oder eine Heldin soll ja etwas erleben. Deine Aufgabe als Comiczeichner*in ist es, dir diese Heldenreise auszudenken.

Was passiert deiner Hauptfigur? Was reißt deine Leser und Leserinnen so mit, dass sie deinen Comic gar nicht aus den Händen legen wollen? Auch dafür gibt es eine Technik, die ich dir jetzt zeigen möchte. Sie heißt »Heldenreise«.

Bei einer guten Geschichte besteht die Heldenreise immer aus drei großen Teilen:

1. **Anfang:** Wir lernen die Hauptfigur kennen und wie und wo sie lebt. Die Handlung beginnt.
2. **Mittelteil:** Plötzlich unterbricht etwas die gewohnten Abläufe, und ein Problem oder eine Herausforderung tritt auf. Die Figur reagiert darauf und erlebt etwas Überraschendes.
3. **Schluss:** Die Figur schafft es, die Herausforderung oder das Problem zu überwinden. Durch diese Erfahrung hat die Figur nun ein verändertes Leben oder ist um eine spannende Erfahrung reicher.

Guck dir noch einmal den Comic über Tobi und seinen Sprung auf den Ballon an. Daran kannst du die verschiedenen Schritte der Heldenreise sehr gut ablesen.

-> Sprechblasen <-

Was in jedem Fall zu einem Comic dazugehört, sind Sprechblasen. Sie zu zeichnen ist einfach, sieh dir die Beispiele einmal an. Aber wichtig ist, dass die Sprechblasen auch zum Inhalt des Textes passen. Eine Denkblase sollte selbstredend nicht verwendet werden, wenn gesprochen wird, und für ein lautes Geräusch eignet sich eine zackige Blase besser als eine runde.

Teil 1: Der Anfang

Die Frage	Bekanntes Beispiel: Schneewittchen	Unser Beispiel: Tobi und der Ballon
Wer oder was ist die Hauptfigur?	Schneewittchen, die Tochter des Königs	Die Hauptfigur ist ein Junge mit dem Namen Tobi.
An welchem Ort spielt die Handlung?	In einem Schloss vor langer, langer Zeit	Es ist ein sonniger Julitag in einer Wohnsiedlung mit Bäumen, Häusern und einer Straße.
Wie beginnt die Handlung?	Die böse Stiefmutter will nicht, dass Schneewittchen schöner ist als sie. Darum befiehlt sie dem Jäger, sie im Wald zu töten.	Die Handlung beginnt, als Tobi eine Idee hat und etwas ganz Neues ausprobieren möchte.

Die (leere) Tabelle kannst du dir herunterladen, dann kannst du sie gleich für deine Geschichte verwenden!

Der Comic startet mitten in der Szene. So wird der Leser direkt in die Geschichte gezogen und lernt den Hauptdarsteller Tobi kennen.

Deine Heldenreise: So schreibst du eine spannende Story – 163

Teil II: Die Mitte

Die Frage	Bekanntes Beispiel: Schneewittchen	Unser Beispiel: Tobi und der Ballon
Auf welche Herausforderung oder welches Problem trifft die Hauptfigur?	Der Jäger lässt Schneewittchen am Leben.	Tobi weiß nicht, ob er es schaffen wird, direkt auf den Ballon zu springen und ihn auch zu treffen.
Wie reagiert die Figur auf die Herausforderung?	Schneewittchen lebt fortan bei den Zwergen, doch sie muss sich vor der bösen Stiefmutter verstecken.	Er holt sehr viel Schwung und springt hoch in die Luft.
Welche Überraschung passiert? Wo ist der Ausgang der Geschichte noch nicht direkt eindeutig?	Die Stiefmutter erfährt, dass Schneewittchen noch lebt, und vergiftet sie mit einem Apfel.	Tobi wird genau in dem Moment gezeigt, als er über dem Ballon schwebt, aber noch nicht klar ist, ob der Ballon auch zerplatzen wird.

In der Mitte des Comics erfährt der Leser Bild für Bild, was Tobi erlebt.

Teil III: Der Schluss

Die Frage	Bekanntes Beispiel: Schneewittchen	Unser Beispiel: Tobi und der Ballon
Wie löst die Hauptfigur das Problem? Wie überwindet sie die Herausforderung?	Durch einen glücklichen Umstand wird Schneewittchen gerettet, als der Sarg zu Boden fällt und sich das vergiftete Apfelstück aus ihrem Hals löst.	Tobi trifft genau auf den Ballon.
Wie fühlt sich deine Figur am Ende der Geschichte? Was hat die Figur zum Schluss erreicht?	Schneewittchen und der Prinz heiraten und leben zusammen glücklich in einem Schloss.	Tobi lässt den Ballon mit einem lauten Knall zerplatzen und ist glücklich.

Zum Schluss kommt der große Knall, und die gesamte Geschichte löst sich auf.

–> Mein Tipp <–

Beginne das Schreiben deiner Geschichte, *ohne an die passenden Bilder zu denken*. Es ist viel leichter, sich eine gute Comic-Story auszudenken, wenn du dich bildlich noch nicht zu sehr festgelegt hast. Probiere frei herum. Ändere deine Handlung, und teste, wann die Geschichte richtig spannend wird. Danach kannst du dich um die Umsetzung in Bildern kümmern.

ÜBUNG

SCHREIBE UND ZEICHNE DEINEN EIGENEN COMIC

Jetzt kennst du alle Grundlagen, die du für deinen ersten eigenen Comic brauchst. Bühne frei für deinen Comic!

Erinnere dich noch einmal an die Grundlagen für einen mitreißenden Comic: Deine Geschichte ist eine Heldenreise, in der deine Hauptfigur verschiedene Schritte durchläuft. Deine Figuren können ganz unterschiedlich aussehen, bauen aber immer auf einer Grundfigur aus geometrischen Formen auf. Und mit deinem Vorwissen über Gestaltungstipps von Seite 110 ist es einfach, die Panels spannend aufzubauen: Du kennst alle Schritte, die du für deinen ersten eigenen Comic brauchst.

MATERIAL

- Stift und Papier für deine Textnotizen
- Skizzenpapier
- Bleistift, Radiergummi, Fineliner und Farbstifte
- Alternativ ein Tablet mit einem Zeichenprogramm

UND SO GEHT ES

1. Die Story
Beginne mit der Story, und notiere dir die Heldenreise deiner Hauptfigur. Die Tabelle auf Seite 162 hilft dir bei den einzelnen Schritten, du kannst sie dir herunterladen.

2. Die Figuren
Denke dir eine oder mehrere Hauptfiguren aus, und zeichne sie auf das Skizzenpapier. Das Linienraster aus fünf Linien unterstützt dich bei den Proportionen.

3. Bildaufbau und Text
Skizziere dir dann den Bildaufbau, die Anordnung der Figuren und des Textes in den Panels. Eine Vorlage findest du im Downloadbereich. Natürlich kannst du auch andere Einteilungen wählen.

— Kapitel 7 —
Deine Modedesign-Werkstatt

Mode ist großartig! Vor allem, wenn es sich um deine eigenen Entwürfe handelt. Im Modedesign ist jedes Detail wichtig: die Pose, die Kleidung, die Stoffe, Frisuren, Schuhe und auch die Accessoires. Zusammen zeigen sie deinen Look!

Figuren im Modedesign

> Bei Modedesigner*innen sieht es so leicht aus: Sie werfen nur drei, vier Striche aufs Papier, und schon erkennst du die Körperhaltung, das Design der Kleidung und wie sich das Material anfühlt. Wie schaffen sie das nur? Und wie kannst du das auch erreichen?

Wenn dich Modedesign begeistert, dann siehst du die Welt mit anderen Augen. Du nimmst nicht einfach das oberste T-Shirt aus deinem Schrank, sondern überlegst dir genau, welche Kleidungsstücke du zusammen kombinieren willst und welche Farben gut harmonieren.

Alles, was dir gefällt, kann dich zu neuen *Entwürfen und Kollektionen* inspirieren. Vielleicht gefallen dir ausgefallene Muster, glänzende Stoffe oder der zarte Federschmuck, den du auf einem Foto gesehen hast? Eine Inspiration kann die Farbe eines Sonnenschirms in einem Strandcafé sein, eine Fotoserie in einem Magazin oder eine Passantin, die zufällig mit dir zusammen im Bus sitzt. Plötzlich hast du eine geniale Idee und willst sie sofort in deinem Skizzenbuch festhalten.

Da ist es ein riesiger Vorteil, wenn du gelernt hast, wie du *mit wenigen Strichen eine Figur skizzierst*. Das klingt zunächst nach einer großen Herausforderung. Gerade Menschen zeichnen ist schwierig, und Unstimmigkeiten fallen sofort ins Auge. Wie gut, dass es auch dafür Tricks und Hilfen gibt, die ich dir auf den folgenden Seiten vorstellen möchte.

© portisheadt, iStockphoto

–> Ideen sammeln <–

Um deine vielen Ideen nicht zu verlieren, kannst du dir ein Skizzenbuch zulegen, in dem du tolle Outfits und Ideen aus Magazinen und Zeitschriften sammelst. Oder du legst ein Pinterest-Board extra für deine liebsten Modekreationen an. Auch ein Moodboard wie auf Seite 018 eignet sich gut für deine Ideen.

KÖRPERPROPORTIONEN LEICHT GEMACHT

Bevor du mit der Kreation deiner eigenen Mode beginnen kannst, brauchst du ein gutes Gespür für Körperproportionen und Figuren.

Wie lang sind Arme im Vergleich zum Oberkörper? Wie breit sind Schultern? Erst wenn du das weißt, kannst du einen Pulli entwerfen, der passt. Zum Glück gibt es ein paar Tricks und Regeln, um Körperproportionen richtig zu zeichnen. Merke dir einfach: Die wichtigste Maßeinheit beim Zeichnen von Menschen ist die Kopflänge. Und das sind die Größen, die du dir merken musst (es wird vom Scheitel bis zu den Füßen gemessen):

→ Erwachsene = acht Kopflängen

→ Jugendliche = sechs und sieben Kopflängen

→ Kleinkinder = fünf Kopflängen

Figuren wirken umso jünger und kindlicher, je größer der Kopf im Vergleich zum Körper ist. Das ist auch der Grund, warum niedliche Comicfiguren häufig so große Köpfe haben. Auf Seite 157 sind viele Comiccharaktere sogar nur vier Kopflängen lang. Versuche also gleich einmal, die Proportionen einer Person nachzuzeichnen.

MATERIAL

- Papier (du kannst dir auch das Raster als Vorlage herunterladen)
- Stifte
- Lineal

Und so geht es

Wir beginnen mit einer Skizze. Zeichne Hilfslinien und die Umrisse mit einem Bleistift dünn ein beziehungsweise lege sie in der Zeichen-App auf eine eigene Ebene.

1. Hilfslinien einzeichnen

Die Kopflängen zeichnest du mit Hilfslinien. Zeichne für einen Erwachsenen neun Hilfslinien untereinander, für einen Jugendlichen sieben/acht und für ein Kind sechs, also immer eine Hilfslinie mehr, als du Kopflängen brauchst. Der Abstand zwischen den Linien ist genau eine Kopflänge. So erhältst du die nötige Gesamtlänge.

ÜBUNG

2. Die Körperlänge

Zeichne nun den Kopf in die erste Zeile ein. Lass unter dem Kopf in Zeile zwei ein bisschen Platz für den Hals.

Bei den Schultern hilft dir die Kopflänge, denn Schultern sind ungefähr zwei Kopflängen breit, darum habe ich in dieser Reihe Rechtecke in der Größe des Kopfes eingezeichnet. Zeichne dir eine Linie, um die Breite der Schultern zu skizzieren.

Der Bauchnabel befindet sich immer auf Höhe von drei Kopflängen, und mit ihm die Taille. Die Taille ist immer schmaler als die Schultern. Die untere Hüfte ist ungefähr so breit wie die Schultern und genau auf der Hälfte der gesamten Körperlänge (bei vier Kopflängen). Bei Frauen ist die Hüfte eher etwas breiter als die Schultern, bei Männern etwas schmaler.

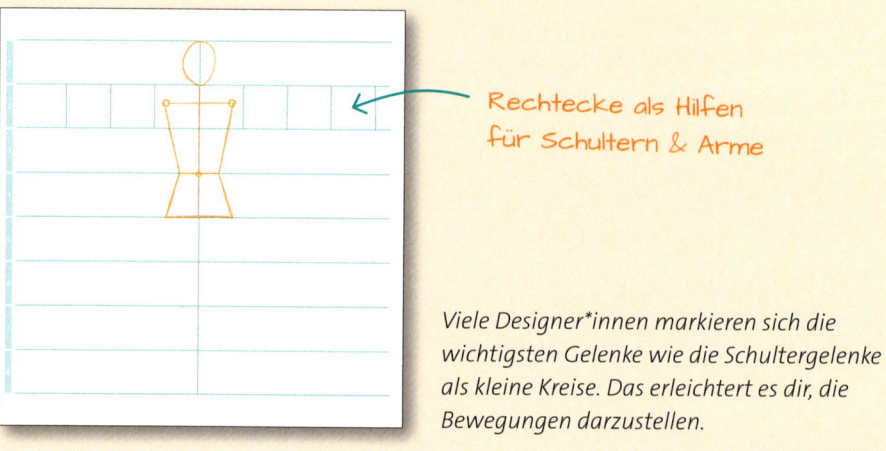

Rechtecke als Hilfen für Schultern & Arme

Viele Designer*innen markieren sich die wichtigsten Gelenke wie die Schultergelenke als kleine Kreise. Das erleichtert es dir, die Bewegungen darzustellen.

3. Arme und Beine

Um herauszufinden, wo die Arme und Beine beginnen, kannst du dir deinen eigenen Körper zu Hilfe nehmen. Fühle mal dein Schultergelenk, wenn du deinen Arm hoch und runter bewegst. Merkst du, wie sich dein Oberarmknochen im Schultergelenk locker mitbewegt? Genau hier beginnt dein Arm.

Bei deinen Beinen ist es ähnlich. Hier ist dein Hüftgelenk der Startpunkt für dein Bein. Lass dein Bein locker schwingen und fühle, wo es beginnt. Der Punkt liegt ein bisschen oberhalb der unteren Hüfte. Zeichne dir auch hier einen kleinen Kreis als Hilfestellung ein.

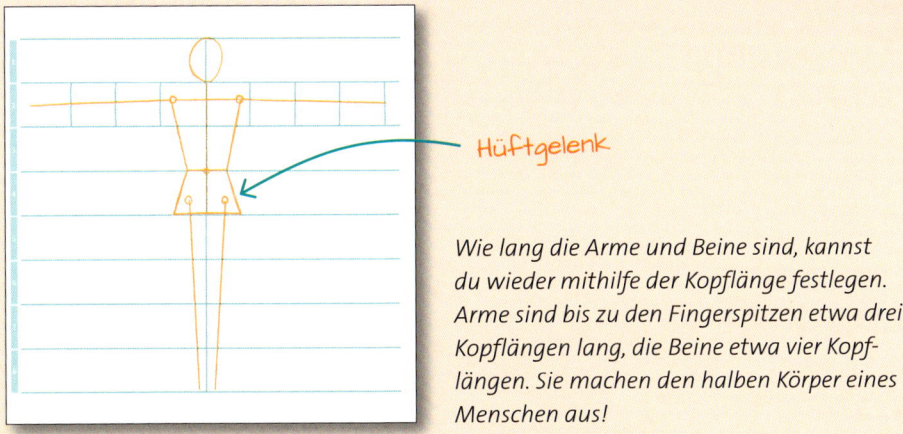

Wie lang die Arme und Beine sind, kannst du wieder mithilfe der Kopflänge festlegen. Arme sind bis zu den Fingerspitzen etwa drei Kopflängen lang, die Beine etwa vier Kopflängen. Sie machen den halben Körper eines Menschen aus!

4. Hilfslinien für die Bewegung von Armen und Beinen

Um die Bewegung der Arme und Beine leichter festzuhalten, kannst du dir mit einem Zirkel Hilfslinien skizzieren. Dazu setzt du den Zirkel in dem Schultergelenk oder Hüftgelenk an und zeichnest die folgenden drei Kreislinien ein. Dann kannst du viel leichter einen eingeknickten Arm oder ein angewinkeltes Bein zeichnen, weil du durch die Hilfslinien weißt, bis wo der Ellenbogen oder das Kniegelenk reichen.

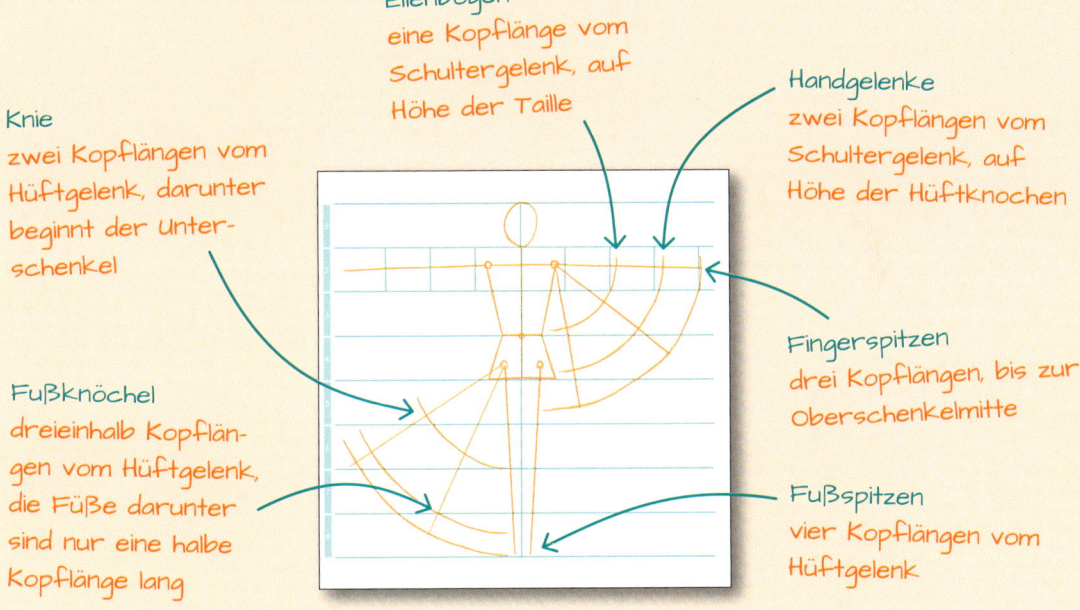

Ellenbogen
eine Kopflänge vom Schultergelenk, auf Höhe der Taille

Handgelenke
zwei Kopflängen vom Schultergelenk, auf Höhe der Hüftknochen

Knie
zwei Kopflängen vom Hüftgelenk, darunter beginnt der Unterschenkel

Fingerspitzen
drei Kopflängen, bis zur Oberschenkelmitte

Fußknöchel
dreieinhalb Kopflängen vom Hüftgelenk, die Füße darunter sind nur eine halbe Kopflänge lang

Fußspitzen
vier Kopflängen vom Hüftgelenk

5. **Den Umriss eines Körpers zeichnen**

Nun kannst du mit dem Umriss beginnen. Achte dabei auf die Kurven und weichen Schwünge, damit deine Figur auch wie ein Mensch aussieht und nicht wie eine Steckpuppe.

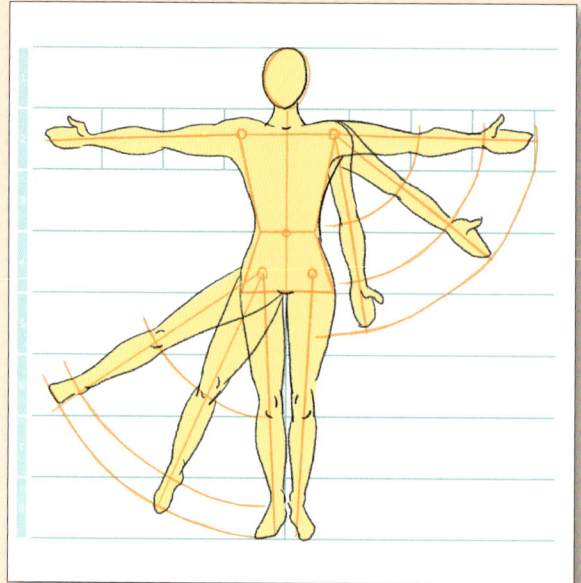

An den *Gelenken* ist die Figur schmal. Überall dort, wo viele *Muskeln* unter der Haut liegen, hat deine Figur eine Kurve. Stelle es dir wie viele leicht geschwungene *Schlängellinien* vor – am Oberschenkel breiter, am Knie schmal und am Unterschenkel zeichnest du wieder die ausladende Kurve.

Denke daran: Nicht alle Menschen sind gleich und passen in dieses Schema. Guck dir deine Freunde und Freundinnen, Eltern oder Geschwister an – alle sind verschieden. Einige haben lange Arme, andere kurze Beine oder einen breiten Oberkörper. Modedesigner und -designerinnen stellen Figuren manchmal auch ganz bewusst überzeichnet, viel zu breit, zu lang oder zu schmal dar, weil sie möchten, dass ihre Figuren besonders niedlich oder besonders graziös aussehen. Aufgabe der Figuren ist es, die Modekollektion optimal zu präsentieren, nicht immer der Realität zu entsprechen.

Pass deine Figuren so an, wie du sie zeigen willst. Teste, was für deine Modedesigns am besten passt und dir gefällt. Dieses Schema hilft dir dabei, die Grundlagen zu verinnerlichen, an denen du dich dann orientieren kannst, wenn du eigene Figuren entwickelst.

SCHNELLE MODESKIZZEN

ÜBUNG

Mit dem Grundaufbau und Proportionen von Figuren kennst du dich jetzt schon aus. Dieses Wissen kannst du nun für deine schnellen Skizzen nutzen. Cool, oder?

MATERIAL
- Papier
- Stift

Wenn du plötzlich eine gute Idee für ein Modedesign hast, willst du nicht jedes Mal genau ausgemessene Hilfslinien zeichnen. Dann soll es schnell gehen und die Idee direkt von deinem Kopf aufs Papier. Dafür brauchst du eine Technik, die genauso schnell ist wie deine Kreativität.

Und so geht es

1. Kopf und Hauptlinien skizzieren
Zeichne den Kopf und drei Linien für die Schultern, die Taille und die untere Hüfte. Schon hast du den Grundaufbau für deine Zeichnung.

Hier noch einmal die wichtigsten Regeln zur Erinnerung:

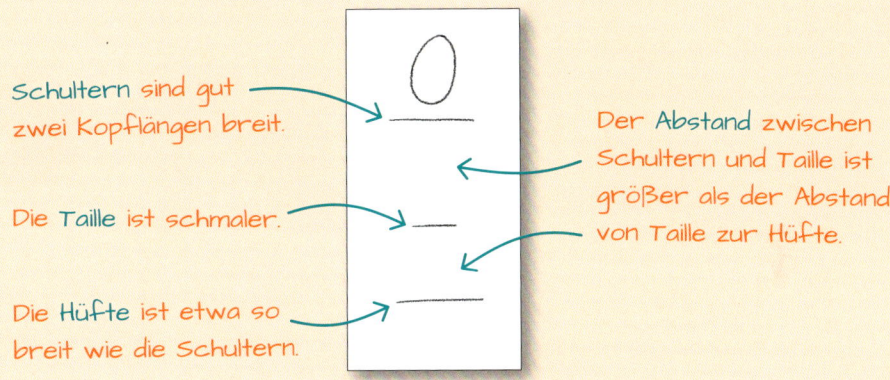

Schultern sind gut zwei Kopflängen breit.

Die Taille ist schmaler.

Die Hüfte ist etwa so breit wie die Schultern.

Der Abstand zwischen Schultern und Taille ist größer als der Abstand von Taille zur Hüfte.

2. Bewegung einbringen
Besonders schön und dynamisch sieht deine Skizze aus, wenn du eine leichte Bewegung im Körper hast. Zeichne dafür die Schulter- und Hüftlinie nicht gerade, sondern schräg.

Wichtig: Schultern und Hüfte sind immer entgegengesetzt abgeschrägt. Zeigt deine Schulterlinie nach rechts oben, dann zeigt die Hüftlinie nach rechts unten.

3. Mittelachse und Körper einzeichnen

Als Nächstes zeichnen wir die Umrisse des Körpers ein. Zeichne auch eine Mittellinie ein. Sie entspricht der Wirbelsäule und reicht vom Hals bis runter zur Hüfte. Sie teilt deine Figur in zwei Hälften und folgt der Bewegung deines Körpers. Nimm den Schwung der Körperform wieder auf, und zeichne sie leicht gebogen. Bei deinen Modedesigns kannst du dich an dieser Mittellinie sehr gut orientieren, wenn du Kleidungsstücke zeichnest, die beispielsweise eine mittige Knopfleiste oder einen Reißverschluss haben.

Verbinde die Schultern mit der Taille und der Hüfte an ihren Endpunkten.

4. Es wird ernst: deine erste Modezeichnung

Diese schnellen kurzen Striche reichen völlig, um dir als Grundlage für deine ersten Modedesigns zu dienen. Jetzt kannst du deine Kollektion einfach über die Figurenskizze zeichnen!

→ *Noch ein Tipp* ←

Wenn du unsicher bist, wie die Figur aussehen muss, die du zeichnen willst, dann stell oder setze dich selbst so hin. Probiere die Pose aus, dann weißt du schnell und einfach, wo der Arm hingehört und in welche Richtung die Hüfte zeigt.

Kleidung und Stoffe

> Bühne frei für das Wichtigste im Modedesign: die Kleidung. Das ist natürlich der beste und kreativste Part für dich, wenn du dich für Mode und eigene Designs interessierst. Die Möglichkeiten sind unendlich.

Du kannst schöne Abendkleider, coole Hosen für Expeditionen oder auch kuschelige Schals aus weicher Wolle entwerfen. Es muss nicht einmal Kleidung für Menschen sein. Du kannst auch eine Kollektion für dein Haustier oder Fantasiewesen gestalten. Warum nicht eine Modelinie für Elfen oder Drachenkämpfer kreieren?

Allen Modelinien gemeinsam ist, dass die Kleidungsstücke aus Stoffen oder Geweben bestehen. Jedes Material hat bestimmte Eigenschaften, die man deiner Modedesign-Illustration ansehen muss.

→ Ein Kleid aus Feder ist *zart, leicht und empfindlich*. Es folgt jeder Bewegung des Trägers.

→ Eine Jacke aus fester Seide ist leuchtend *bunt, glänzend und zugleich fest* im Stoff und fließend am Körper.

→ Eine Tasche aus derbem Leder ist *fest, robust und dick*. Sie passt sich nur begrenzt an und ist sehr formstabil.

Du siehst schon, alle Materialien sind ganz verschieden und verhalten sich anders beim Tragen. Das wiederum ist wichtig für deine Entwürfe. Wie du verschiedene Oberflächen und Strukturen zeichnen kannst, ist auf Seite 036 beschrieben. Dieses Vorwissen hilft dir jetzt bei deiner Modezeichnung.

Es gibt *vier wichtige Faktoren*, die du beachten solltest, wenn du deine Modedesigns zeichnest. Das sind

1. die Schwerkraft
2. die Stoffart
3. die Muster deiner Kleidung
4. der Verlauf der Nähte oder Reißverschlüsse beziehungsweise die Anordnung von Knöpfen oder Accessoires

Schwerkraft

Wie der Stoff fällt und an deiner Figur sitzt, wird stark von der Schwerkraft beeinflusst. Beugt sich deine Figur nach vorne oder zur Seite, fällt der Kleiderstoff in die Richtung, in die die Schwerkraft sie zieht. Nimmt die Figur den Arm zur Seite, liegt der Stoff oben auf dem Arm auf und fällt locker nach unten. Auch bei mehreren sich überlappenden Stoffbahnen rutschen die einzelnen Falten entsprechend übereinander und fallen, wohin die Schwerkraft sie zieht.

→ Je leichter, dünner und weicher ein Stoff ist, desto mehr Falten sieht man.

→ Bei dicken, stabilen Stoffen gibt es nur wenig Falten, dafür haben die Kleidungsstücke mehr Volumen.

Das Kleid hat einen Rock aus doppellagigem, in Wellen gestaltetem Stoff. Das Material ist fest, dicht gewebt und trotzdem weich. Darum fällt der Stoff mit viel Volumen und erzeugt nur **wenig Falten.** *Die Wellen zeigen entsprechend der Schwerkraft nach unten.*

Stoffart

Bevor du mit deiner Zeichnung beginnst, musst du dir überlegen, aus welchen Stoffen und Materialien deine Kreation sein soll.

→ Ist der Stoff leicht, weich, derbe, fest, dicht gewebt oder elastisch?

→ Liegt er eng an der Haut wie bei einem Ballettanzug oder ist er locker wie bei einem Kapuzenpullover?

→ Ist er wie Seide fließend?

→ Du kannst deinen Stoff aber auch ganz fest und stabil zeichnen, wie bei einer Rüstung oder bei Stiefeln aus Leder.

Nimm dir einen Moment Zeit, und guck dir deine eigenen Kleidungsstücke und Lieblingsteile an. Welche Stoffe magst du? Wie sehen sie aus und wie fühlen sie sich auf deiner Haut an? Welche Materialien möchtest du für deine Modedesigns verwenden?

*Der Pullover ist aus weichem, aber dickem Material. Er ist schön **locker geschnitten** und nur an den Bündchen eng anliegend. Darum bauscht sich der Stoff direkt über den Bündchen auf und wirft Falten.*

Stoffmuster

Kariert, mit Streifen, Punkten oder kleine Illustrationen — Stoffe haben ganz unterschiedliche Muster. Gleichzeitig sind die Kleidungsstücke deiner Designs nicht immer glatt genäht, sondern aus Stoffen, die übereinandergelegt, drapiert oder gefaltet sind. Die Muster in deinen Entwürfen müssen dieser Bewegung und Richtung folgen.

Um nachvollziehen zu können, wie sich die Muster verändern, kannst du ein Oberteil mit Streifen anziehen und beobachten, wie sich die Muster verschieben, wenn du verschiedene Posen einnimmst.

*Das Ringelkleid hat ein schönes Streifenmuster. Am Oberkörper horizontal gestreift, am Unterkörper und den Armen vertikal gestreift. Es **schmiegt sich um den Körper** der Figur, und der kurvige Verlauf der Muster verrät, wie die Arme und Beine gehalten werden.*

Accessoires

Jedes Kleidungsstück besteht aus einer Vielzahl von einzelnen Stoffteilen, die miteinander verbunden sind. Das können Nähte sein oder auch Reißverschlüsse und Knöpfe. Gleichzeitig wird die Form der Kleidungsstücke durch Abnäher bestimmt, die den Stoff zusammenfassen. Selbst eine einfache Jeanshose besteht schon aus mindestens sieben Teilen! Die Vorderseiten für das linke und rechte Hosenbein, die Rückseiten für die Hosenbeine, ein Reißverschluss oder Knöpfe und zwei Taschen, die auf der Rückseite aufgenäht sind.

Zeichne diese Details, Schmuckelemente und Schattierungen in deine Entwürfe mit ein, um deinen Modedesigns mehr Qualität zu verleihen. Wie sich Licht und Schatten auf deine Objekte auswirken und wie man diese mit Schraffuren zeichnet, kannst du auf Seite 036 noch einmal nachgucken.

Nähte, Knöpfe und Reißverschlüsse sind tolle Hilfsmittel für dich, wenn du deine Kollektionen entwirfst. Außerdem verleihen diese Details deinen Modeentwürfen zusätzlich mehr Ausdruckskraft und machen sie realistischer. Der Entwurf einer blauen Hose wird sofort optisch zu einer Jeans, wenn du die typische Naht entlang des Hosenbeins skizzierst.

–> Mein Tipp <–

Interessante Effekte kannst du auch durch unterschiedliche Stofffarben erzeugen. So ist es auch leichter nachzuvollziehen, wo man den Innenstoff sieht und wo den Außenstoff. Ein Beispiel ist die umgekrempelte Jeanshose oben.

Gesichter zeichnen

In Comics und bei schnellen Skizzen werden Köpfe und Gesichter oft als Oval oder Kugel dargestellt. Guckst du dir die Kopfform genau an, dann siehst du schnell, dass die nicht mit der wirklichen Form übereinstimmt. Zum Glück ist es gar nicht so schwer, ein Gesicht mit den korrekten Proportionen zu zeichnen, wenn du ein paar Tricks kennst. Denn auch hier gibt es Hilfslinien und Grundformen, die du nutzen kannst.

Ein ganzer Look braucht mehr Details – Gesichter, Frisuren, Accessoires und Schuhe machen deine Kollektion erst perfekt. Gesichter sind schwer zu zeichnen, aber mit ein paar Tricks wird es klappen!

Ein Kopf besteht aus zwei Teilen: Schädel und Kiefer. Beginne deine Zeichnung mit einem Kreis. Zeichne danach eine senkrechte Linie ein (dort ist später die Gesichtsmitte). Trage dir ein Drittel von unten im Kreis ab und markiere die senkrechte Linie (für die Nasenspitze). Danach zeichnest du den Kieferbereich. Die Seiten sind etwas schmaler als die Kreisform. Die Ohren liegen mittig am Kopf, genau dort, wo sich beide Kopfbereiche überschneiden. (Du findest die Vorlage auch zum Download.)

Hast du gewusst, dass der Abstand zwischen beiden Augen genau eine Augenbreite ist? Stell dir einfach ein drittes Auge in der Mitte vor, und schon hast du den nötigen Abstand.

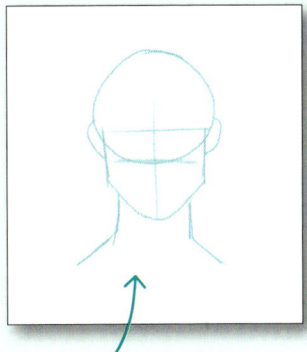

*Der obere Teil ist **der runde Schädel**. Darunter folgt der **Kieferbereich**, der an den Seiten gerade und unten zum Kinn eckig ist.*

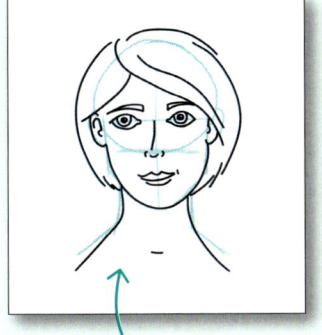

*Die **Augen** liegen mittig im Gesicht auf Höhe der Ohren. Für die **Nase** gibt es auch einen guten Tipp, denn diese reicht von der Mitte der Augen bis zur unteren Kante des Kreises, den du für den Schädel gezeichnet hast. Der **Mund** ist in der Mitte zwischen Nase und Kinn.*

FRISUREN ZEICHNEN

ÜBUNG

Erst durch die passenden Frisuren sind die Looks und Ideen komplett. Welche Frisuren möchtest du für deine Entwürfe?

Auch Frisuren haben einen riesigen Einfluss auf den Look deiner Modedesigns. Das gleiche Design wirkt mit unterschiedlichen Frisuren verschieden:

→ Romantische Zöpfe machen ein Kleid weicher.
→ Wilde Fransenfrisuren unterstreichen den ungewöhnlichen Schnitt deiner Modedesigns.
→ Und mit bunten Haarsträhnen oder farbigen Haarbändern kannst du spielend einfach einen Farbton in deinem Design betonen.

MATERIAL
- Papier
- Bleistift
- Buntstifte

Lass dich von den Beispielfrisuren inspirieren. Einige werden mit deinen Entwürfen harmonieren, während andere bei deinen Kreationen langweilig oder sogar völlig unpassend aussehen. Probiere aus, welche Frisuren deine Entwürfe noch stärker und schöner machen.

–> Mein Tipp <–

Wenn du Frisuren ausprobierst, dann reicht es völlig, wenn du das Gesicht mit wenigen Strichen andeutest. Entwickle zuerst die passende Frisur für deinen Look, und ergänze den Gesichtsausdruck danach.

Und so geht es

Haare und Frisuren geben deinen Figuren ihre ganz eigene Persönlichkeit. Sie zu zeichnen ist aber gar nicht so einfach, wie es aussieht. Oft sitzen die Haare zu platt, zu hoch oder zu tief auf dem Kopf. Die folgenden Schritte helfen dir dabei, die häufigsten Fehler zu vermeiden.

 Genau beobachten
Bevor du zum Bleistift greifst, guck mal in den Spiegel, und beobachte aufmerksam von allen Seiten, wie deine eigenen Haare aussehen.

→ Was macht deine Frisur aus?
→ Wo ist der Haaransatz?
→ Wie liegt dein Haar in der Stirn, an den Seiten oder am Hinterkopf?
→ Und in welche Richtung zeigen die einzelnen Strähnen?

Als Erstes ist dir sicher aufgefallen, dass Haare gar nicht so dicht am Kopf sind, wie du im ersten Moment gedacht hast. Auch zeigen nicht alle deine Strähnen in die gleiche Richtung. Viel mehr besteht deine Frisur aus vielen einzelnen Strähnen, die vom Scheitel aus mit Schwung beginnen und dann locker um deine Kopfform angeordnet sind.

 Kopf zeichnen
Jede Frisur sitzt auf einem Kopf. Darum beginnst du deine Zeichnung mit einer einfachen Grundkopfform. Für den Start reicht es völlig, wenn du das Gesicht nur mit Linien andeutest.

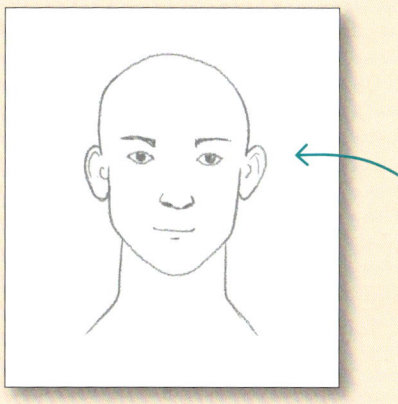

Wenn du möchtest, kannst du auch direkt Augen, Nase und Mund mit einzeichnen. Meine Vorlage findest du auch zum Download.

3. Wo soll der Scheitel sein?
Das Erste, was du dir für deine Frisur überlegen solltest, ist der Scheitel. Sollen die Haare einen Mittelscheitel haben und gleichmäßig zu beiden Seiten fallen, oder möchtest du deiner Figur lieber einen Seitenscheitel geben?

Der Scheitel wird von der Stirn in Richtung Hinterkopf gezeichnet. Damit der Haaransatz an der richtigen Stelle auf der Stirn beginnt, startest du etwa auf der Hälfte zwischen Augen und Kopfanfang.

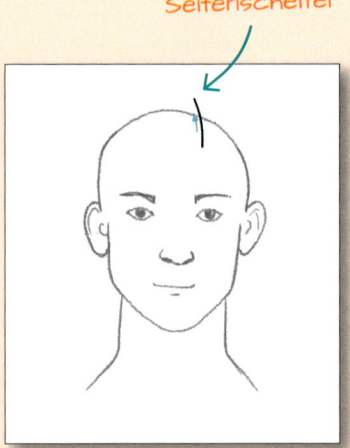
Seitenscheitel

4. Die Richtung der Haare festlegen
Achte bei den Haaren darauf, dass du die Strähnen in verschiedenen Richtungen zeichnest. Mal beginnt die Linie mit einer Rechtskurve, mal mit einer Linkskurve. So bekommt deine Frisur einen schönen Schwung und wirkt lebendig. Zeichne nicht die ganze Frisur, sondern skizziere dir zuerst mit wenigen Strichen die Hauptrichtung der Haare. Die Haarlänge legst du jetzt ebenfalls fest.

→ Bei glatten Haaren sind die Strähnen auch gerade oder haben nur einen ganz leichten Schwung.

→ Bei welligem Haar zeigen alle Strähnen in unterschiedliche Richtungen. Die einzelnen Strähnen haben eine leicht wellige Form und einen schönen Schwung, jedoch keine starken Kurven.

→ Bei lockigen Haaren hat jede Strähne starke Kurven. Sie kringeln sich in ganz verschiedene Richtungen und haben viel Bewegung.

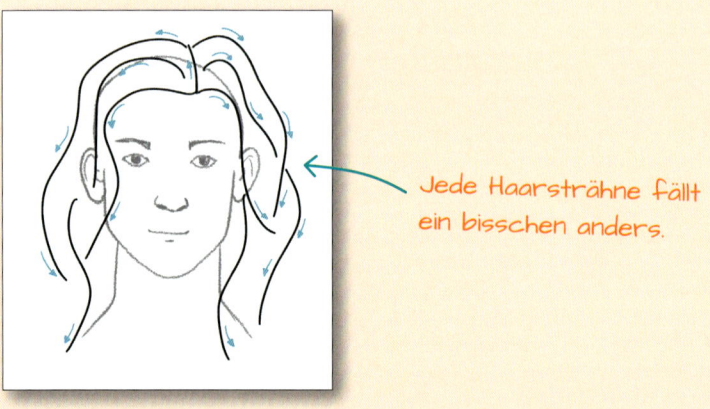
Jede Haarsträhne fällt ein bisschen anders.

5. Frisuren brauchen ausreichend Platz

Haare liegen nie direkt auf der Kopfhaut. Es sei denn, die Haare sind nass. Achte darum bei deiner Zeichnung unbedingt auf etwas Platz zwischen dem Kopf und den Haaren. Je größer der Abstand zwischen Kopf und Haar ist, desto mehr Volumen bekommt deine Frisur.

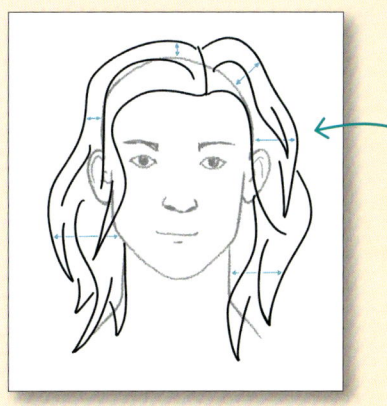

Die blauen Pfeile zeigen dir, wie groß der Abstand zwischen Haaren und Kopfform ist. Das ist viel größer, als du gedacht hast, oder?

6. So bekommt deine Frisur die richtige Form

Der zweite Tipp für tolle Frisuren liegt in den Details für die Strähnen. Denn der Kopf hat eine Kugelform. Das spiegelt sich auch in der Art und Weise wider, wie die einzelnen Strähnen angeordnet sind. Sie fallen nicht alle gleich gerade nach unten, sondern folgen der Kugelform. Einige Strähnen rücken dabei weiter nach links, andere nach rechts. Je nach Frisur können Haare auch nach oben gestylt sein oder durch Haarspangen und Zöpfe geformt werden.

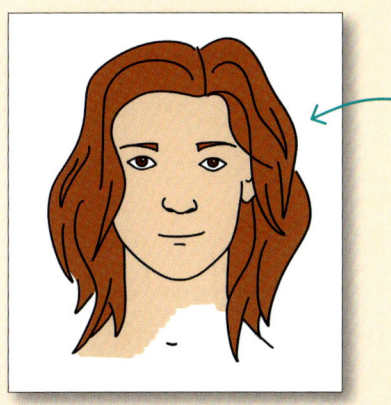

Oft werden die Haare nur grob angedeutet. Doch du kannst auch viel detaillierter arbeiten und deine Frisuren mit Strähnen, Farbe und Texturen viel lebendiger gestalten.

Accessoires und Schmuck

Was kannst du deinen Figuren noch mitgeben, um deinen Look zu verstärken? Ohrringe, Halsketten, eine Handtasche oder einen ausgefallenen Hut vielleicht?

Die kleinen Details machen den Unterschied. Taschen, Armreifen, Ohrringe, Ketten oder Hüte verfeinern deinen Look und unterstreichen deine Designs.

Natürlich sollen die Accessoires und der Schmuck genau zu deinen Modedesigns passen. Versuche Farbtöne und Materialien wieder aufzunehmen und noch einmal zu verwenden, wenn du ein harmonisches Gesamtbild zeigen willst. Kleine hellblaue Perlenohrringe sind zum Beispiel eine schöne Ergänzung zu einer hellblauen Jacke.

Du kannst die Accessoires aber auch komplett gegenteilig nutzen – einen derben Hut zu einem zarten Sommerkleid. Dieser Gegensatz wirkt ungewöhnlich, und das macht dein Design spannend. Um das Zeichnen von Accessoires zu üben, kannst du dich von deinem eigenen Kleiderschrank inspirieren lassen. Nimm dir deine Lieblingsohrringe oder einen Rucksack als Vorlage und zeichne sie ab. Verändere danach die Details oder erweitere das Design um deine eigenen Ideen.

–> Mein Tipp <–

Beginne die Zeichnung deiner Accessoires immer direkt an der Stelle, wo sie deine Figur berühren. Die Handtasche am Griff, an dem deine Figur sie trägt. Oder den Hut an den Haaren. So kannst du sicher sein, dass die Accessoires auch richtig sitzen und im Größenverhältnis zu deiner Pose passen.

SCHUHE ZEICHNEN

ÜBUNG

Ein Look ohne Schuhe ist nicht vollständig. Egal ob du eine luftige Sommer- oder rustikale Winterkollektion zeichnest.

Mode ist ohne Schuhe gar nicht vorstellbar. Deinem Outfit würde einfach etwas fehlen. Du kannst bei den Schuhen deiner Fantasie völlig freien Lauf lassen. Alles ist möglich: High Heels, Sneaker, verrückte Plateaustiefel oder Schuhe mit ganz auffälligen Details wie bunten Reißverschlüssen.

Besonders Schuhe mit hohen Absätzen sind schwer zu zeichnen. Wo gehört der Absatz hin? Wie bekommt der Schuh den richtigen Schwung? Zeichne einfach mit.

MATERIAL

- Papier
- Stift

UNS SO GEHT ES

1. Die Ferse
Beginne mit der Ferse, die du als Kreis skizzierst. Sie muss für einen High Heel auf der Mitte des Papiers liegen.

2. Erster Strich der High Heels
Direkt am unteren Rand des Kreises folgt eine locker geschwungene Linie. Sie erinnert ein bisschen an ein gedrehtes C und ist etwa doppelt so lang wie der Kreisdurchmesser. Mit der Form dieser Linie legst du fest, wie hoch dein Schuh wird.

3. Die Sohle zeichnen
Für die Ballen und die Zehe zeichnest du einen gerade Strich, der etwa so lang ist wie der Kreisdurchmesser. Diese Form ist die Grundlage für die Sohle. Du kannst sie so breit zeichnen, wie du deine Schuhsohle gestalten möchtest.

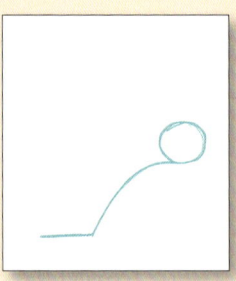 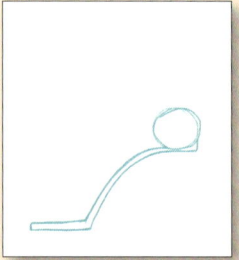

4. Der Absatz wird eingesetzt
Der Absatz liegt unterhalb des Kreises, der die Ferse darstellt. Zeichne den Absatz so dick oder dünn, wie du möchtest.

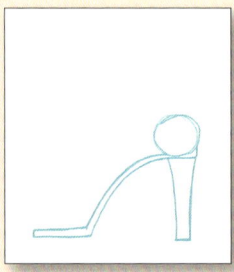 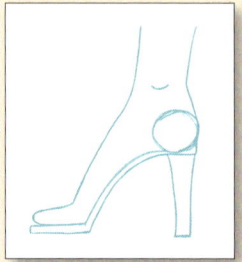

5. Fertigstellen
Jetzt noch Riemchen, Schnallen oder Bänder gestalten, und fertig sind die High Heels.

–> *Tipp* <–

Es gibt Modedesigner*innen, die ganz ungewöhnliche Schuhe entworfen haben, indem sie statt eines typischen Absatzes sogar Kugeln, Buchstaben oder den Eiffelturm verwendet haben.

ENTWIRF EINE EIGENE KOLLEKTION

ÜBUNG

Die Einzelschritte hast du in diesem Kapitel geübt und ausprobiert. Jetzt kommt alles zusammen. Du zeichnest deine erste eigene Modekollektion.

Eine Modekollektion besteht aus vielen unterschiedlichen Entwürfen. Jedes Kleid, jede Hose und jede Jacke ist im Detail verschieden, aber innerhalb deiner Kollektion zum gleichen Thema gestaltet. Auch die Frisuren, Schuhe und dazu die passenden Accessoires sind perfekt auf die entworfenen Kleidungsstücke abgestimmt. Alles zusammen ergibt deine Kollektion mit ihrem ganz individuellen Look.

MATERIAL

- Figuren-Vorlage, die du dir entweder ausdruckst oder auf dem Tablet aufrufst. Du findest sie im Downloadbereich.
- Bleistift
- Radiergummi
- Fineliner
- bunte Marker oder Farbstifte
- Skizzenpapier für Notizen und schnelle Vorzeichnungen

Und so geht es

1. Das Thema bestimmen
Überlege dir ein Thema für deine gesamte Kollektion. Worum soll es bei deinen Modedesigns gehen? Wie wäre es zum Beispiel mit dem Thema »Skiurlaub«, »Sommer am Meer«, deinem Hobby oder deinem Lieblingsbuch? Ich habe mich für das Thema Fantasy entschieden.

2. Ideensammlung
Notiere oder skizziere dir, welche Formen, Materialien und Accessoires ganz typisch für dein Thema sind. Welche Farben passen gut zu dem Thema deiner geplanten Kollektion? Wie sehen die Frisuren deiner Figuren aus?

Du kannst dir auch eine Pinnwand mit passenden Bildideen für dein Thema zusammenstellen – online geht das prima in Pinterest. Oder du gestaltest für deine Inspirationen ein Moodboard. Inspirationen und Ideen dafür findest du auf Seite 018.

Meine Fantasydesigns sollen locker fallen und aus schönen, fließenden Stoffen bestehen. Besonders ist, dass jedes Outfit eine andere Umgebung symbolisieren soll. Ein Look ist für eine Waldelbe, ein weiterer Look soll für die Stadt und ein Outfit für den Orient stehen. Natürlich dürfen bei allen drei Figuren die typischen spitzen Elbenohren nicht fehlen.

3. Vorlage anlegen
Drucke dir die Vorlage mit den Posen aus, oder importiere sie in dein Zeichenprogramm, wenn du gerne mit einer Vorlage beginnen möchtest. Wenn du lieber deine eigenen Posen benutzen willst, starte auf einem leeren Blatt Papier.

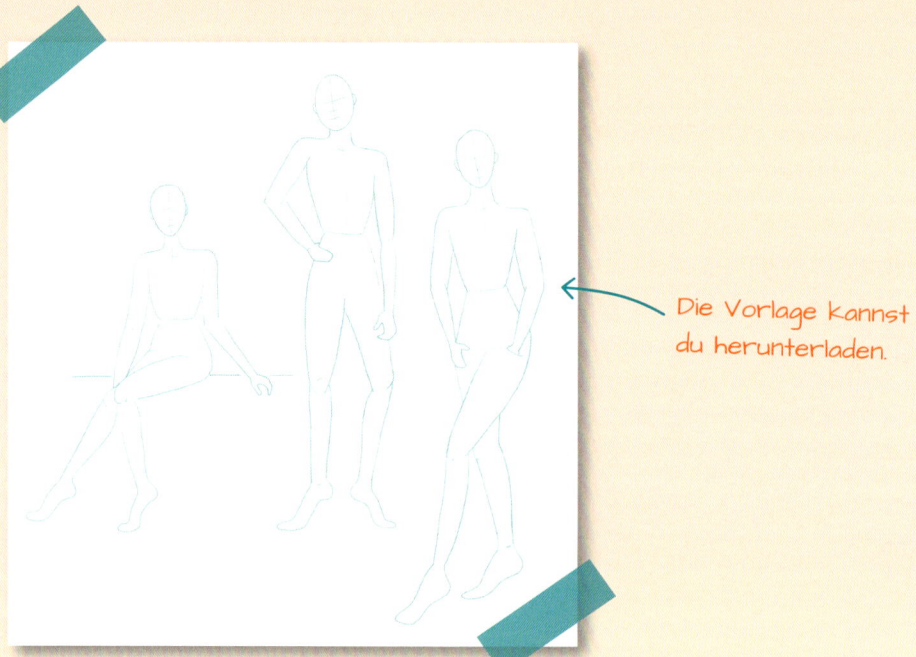

Die Vorlage kannst du herunterladen.

4. Dein Entwurf
Jetzt kannst du mit deinen eigenen Entwürfen beginnen. Zunächst mit dünnen Bleistiftlinien, später dann mit dem Fineliner.

Entwirf eine eigene Kollektion – 189

Deine Entwürfe können auch einfacher sein.

5. Kolorieren macht Spaß!
Zum Schluss kannst du deine Modedesigns farbig kolorieren.

Denk hierbei auch an die Schattenwürfe und die verschiedenen Schraffierungen und Muster.

– Kapitel 8 –

Deine Foto- und Video-Werkstatt

Fotografieren macht Spaß. Du zeigst mit jedem Foto, wie du die Welt siehst, und eine Aufnahme liefert dir sofort Ergebnisse. Alles, was du dafür brauchst, ist eine Kamera oder ein Smartphone – und eine gute Idee.

Was brauchst du für ein gutes Foto?

Auch die beste Kamera hilft nicht, wenn du nicht weißt, wie du den optimalen Ausschnitt wählst. Entwickelst du jedoch einen guten Blick, so reicht schon eine einfache Smartphone-Kamera, um beeindruckende Fotos aufzunehmen.

Ein Foto vom leuchtenden Sonnenaufgang, während du auf den Bus wartest, eine schnelle Videosequenz von einem lustigen Hund, der an dir vorbeiläuft: Heute ist es alltäglich, dass du jederzeit und überall Bilder und Videos machen kannst. Du kannst sie dir auch sofort angucken. Und wenn dir eine Aufnahme nicht gefällt, dann löschst du sie einfach wieder.

Die gute Nachricht zuerst: Für spannende und inspirierende Fotos brauchst du keine teure Kamera. Natürlich ist es schön, wenn du mit einer Profikamera und vielen Optionen arbeiten kannst. Aber viel wichtiger als die perfekte Ausrüstung sind

→ deine Ideen und
→ die richtige Methode.

Als es nur 36 Fotos pro Film gab, war jedes einzelne Bild gut überlegt. Heute gibt es keine Einschränkungen für die Fotoanzahl, und in wenigen Stunden sind hunderte neue Fotos auf deiner Kamera. Dieses schnelle Knipsen hat aber auch den Nachteil, dass du dir für die einzelnen Bilder nicht mehr so viel Zeit nimmst. Viele Fotos sind verwackelt, unscharf oder zeigen gar nicht das, was du festhalten wolltest.

Ich zeige dir auf den folgenden Seiten vier Tipps, mit denen Fehlfotos ab jetzt der Vergangenheit angehören. Erst aber ein kurzer Blick auf das Funktionieren einer professionellen Kamera. Wenn dich das nicht interessiert, überblättere die Seiten einfach.

Manchmal muss man gar nicht schnell sein, um ein gutes Foto zu schießen.

Mit etwas Glück und ohne Nachbearbeitung gibt es auch so ein tolles Foto.

So funktioniert eine professionelle Kamera

> Wenn du mit einer professionellen Fotokamera arbeitest, kannst du zwischen vielen Einstellungsmöglichkeiten wählen.

Bei einer Profikamera gibt es automatische und manuelle Einstellungen. Probiere die Einstellungen nacheinander aus, und lerne deine Kamera kennen.

Aber nicht erschrecken: Um zu verstehen, wie ein Foto entsteht und wie du deine Bilder beeinflussen kannst, musst du nicht sofort alle Optionen kennen. Für den Start reicht es, wenn du diese vier Einstellungen kennst.

Die erste ist die Blende. Über die Blendenöffnung steuerst du, wie groß die Lichtmenge ist, die auf dein Foto trifft. Du kannst dir das ähnlich wie einen Wasserhahn vorstellen, den man nur wenig oder ganz aufdreht. Bei dem Wert 1 ist die Blende ganz offen, und viel Licht fällt ein. Je weiter man die Blende schließt, desto größer werden die Zahlenwerte, die deine Kamera anzeigt. Bei dem Wert 22 ist die Blende fast schon zu, und nur sehr wenig Licht fällt ein.

–> Mein Tipp <–

Ein besonderer Effekt, den du mit der Blende erreichst, ist die Tiefenschärfe. Das sind die coolen Fotos, bei denen der Hintergrund verschwommen ist. So wie bei dieser Biene, bei der nur der Kopf im Fokus ist. Alle anderen Teile treten in den Hintergrund und werden immer unschärfer, je weiter sie entfernt sind. Du musst dir nur merken: Je weiter du die Blende öffnest, desto mehr Unschärfe bekommst du in dein Bild.

© Jan Tinnenberg, Unsplash

Die Verschlusszeit (auch Belichtungszeit genannt) ist der zweite Faktor, der deine Fotos stark beeinflusst. Mit ihr bestimmst du, wie lange das Licht auf dein Foto trifft. 1/320 Sekunde ist sehr kurz, während 1 Sekunde eine lange Belichtungszeit ist. Je länger die Belichtungszeit ist, desto mehr Licht kann von der Kamera für das Bild gesammelt werden. Dein Foto wird heller.

Der dritte Faktor ist die Lichtempfindlichkeit, die in ISO gemessen wird. Je höher der ISO-Wert, desto besser kann die Kamera mit einer dunklen Fotoumgebung umgehen. An einem sonnigen Tag ist ein ISO-Wert von 100 oder 200 völlig ausreichend, während du dich an einem regnerischen, dunklen Novembermorgen besser für einen ISO-Wert von 400 bis 800 entscheidest.

Deinen Bildausschnitt bestimmst du über den vierten Faktor: das Objektiv. Standardobjektive entsprechen etwa dem, was du auch mit normalen Augen sehen kannst. Mit Teleobjektiven kannst du auch entfernte Motive viel näher heranzoomen, wie beispielsweise ein kleines Eichhörnchen auf einem Baum. Weitwinkelobjektive erfassen auch Motive, die seitlich weiter ausladend sind, wie zum Beispiel ein Stadtpanorama. Mit einem Makroobjektiv kannst du selbst kleinste Details, wie die Stacheln eines Kaktus, scharf abbilden.

Blende

Verschiedene Objektive

© Fidel Fernando, Unsplash

© Oli Dale, Unsplash

Fototipp 1: Erst überlegen, dann fotografieren

Der beste Tipp für gute Fotos ist ganz einfach, und trotzdem nutzen ihn nur wenige Kreative. Du gehörst ab heute dazu, denn du weißt jetzt, dass die besten Fotos zuerst im Kopf entstehen.

Statt direkt mit Techniktipps zu starten, habe ich einen ganz einfachen Rat für dich: Überlege dir zuerst, wie dein Foto aussehen soll, bevor du auf den Auslöser drückst.

→ Was soll später auf deinem Bild im Mittelpunkt stehen?
→ Welches Motiv ist im Vordergrund?
→ Sollen alle Bereiche des Fotos scharf gestellt sein oder nur einzelne Ausschnitte?
→ Indem du dir vorher überlegst, was genau du besonders hervorheben willst, werden deine Fotos viel besser und ausdrucksstärker.

© Matteo Minelli, Unsplash

Bei einem Landschaftsbild willst du die Weite zeigen. Die Bäume, das Schilf und selbst das kleine Segelboot hinten auf dem See sind gleich wichtig. Darum sind alle Bereiche des Fotos scharf abgebildet und werden gleichwertig behandelt.

© Caju Gomes, Unsplash

Ganz anders ist es bei einem Porträtfoto. Wenn du eine Person oder ein Tier fotografierst, dann steht nur das Porträt im Mittelpunkt. Alle anderen Bereiche des Fotos können unscharf sein und in den Hintergrund rücken.

JETZT BIST DU DRAN

Auf dem Smartphone ist es ganz leicht, das Motiv auszuwählen, das du scharf stellen willst. Dafür öffnest du deine Fotoapp und tippst einfach den Bereich auf dem Bildschirm an, den du hervorheben willst.

Viele Smartphones bieten auch spezielle Einstellungen für Nahaufnahmen oder Porträts an. Nachteil ist, dass du kaum Einfluss darauf hast, wie die Smartphone-Kamera deine Eingabe umsetzt. Manchmal ist zu viel vom Motiv unscharf oder zu wenig. Mache ruhig mehrere Bilder und experimentiere, bis du mit dem Foto zufrieden bist.

Bei einer Fotokamera bestimmst du den Ausschnitt über das Objektiv und die Einstellungen für Blende und die Belichtungszeit. Für ein Landschaftsfoto, bei dem alle Bereiche gleich scharf sein sollen, brauchst du wenig Licht (kleine Blendenöffnung) und eine lange Belichtungszeit. Bei einem Porträt ist es genau andersherum. Hier brauchst du viel Licht (große Blendenöffnung), das nur ganz kurz auf das Foto trifft (kurze Verschlusszeit).

Fototipp 2: Wähle eine spannende Perspektive

Auf Seite 058 hast du schon ausprobiert, wie du verschiedene Perspektiven zeichnest. Jetzt kannst du das Wissen für deine Fotografien nutzen.

Ein interessantes Stilmittel, um deine Fotos zu gestalten, ist die Perspektive. Durch verschiedene Perspektiven kannst du die gleiche Szene ganz unterschiedlich aussehen lassen, ohne dass du dein eigentliches Motiv verändern musst.

Vogelperspektive

In der Vogelperspektive hältst du deine Kamera von oben auf die Szene. Du bist höher als das Motiv, das du auf dem Bild festhalten möchtest. Gerade bei kleineren Tieren oder Kindern passiert das oft automatisch, weil du größer bist. Diese Fotos von oben bieten eine *gute Übersicht,* lassen dein Model aber noch weiter entfernt und kleiner aussehen, als es war. Überlege dir darum vorher, ob die Vogelperspektive wirklich die optimale Wahl für dein Foto ist.

© Gudrun Wegener

Du kannst die Vogelperspektive aber auch ganz gezielt nutzen, um ein interessantes Foto mit einer ungewöhnlichen Ansicht zu gestalten. Porträtfotos werden zum Beispiel häufig auf Augenhöhe mit der Person geschossen. Das erwartet man, aber es ist auch ein bisschen langweilig, weil du diese Art von Fotos schon so oft gesehen hast. *Probiere etwas Neues aus,* und stelle dich auf einen Stuhl, so dass du ein wenig höher als dein Model kommst, und mache dann ein Porträtfoto. Die leichte Vogelperspektive sieht super aus!

© Gabriel Silverio, Unsplash

Zentralperspektive

Fotografierst du dein Motiv direkt gerade auf seiner Augenhöhe, entscheidest du dich für die Zentralperspektive. Die Kamera ist dabei parallel zu deinem Fotomotiv. Besonders schön und spannend sehen Fotos in der Zentralperspektive aus, wenn du etwas abbildest, was normalerweise nicht in deiner Sichthöhe ist, wie ein Meerschweinchen oder die springenden Füße. Bleibe dafür nicht stehen, sondern geh in die Hocke, um ein Foto von einem kleinen Tier oder einer niedrigen Pflanze zu machen.

Guck dir die Welt aus einer anderen Sicht an, und du findest neue Blickwinkel für kreative Fotoinspirationen.

Froschperspektive

Hast du gewusst, dass viele Motive eine interessante Unterseite haben? Nur sieht man sie fast nie, weil wir uns selten die Mühe machen von unten nach oben zu gucken. Mit Fotos in der Froschperspektive änderst du das. Tritt einmal ganz nah an Bäume, Gebäude oder Objekte heran, die viel größer sind als du, und schaue bewusst nach oben. Wie sehen die Motive aus? Was kannst du entdecken, wenn du aus der Froschperspektive schaust?

Spannend ist aber nicht nur, was über dir liegt. Auch kleine Dinge bieten ganz erstaunliche Ansichten, wenn du sie von der Unterseite anschaust. Gerade bei Motiven, die wir normalerweise nur von oben wahrnehmen, findest du unerwartete Fotoinspirationen, wenn du sie aus dieser ungewöhnlichen Perspektive betrachtest.

Einfache Motive machen mit der Froschperspektive viel mehr her!

Jetzt bist du dran

Die Perspektive für dein Foto bestimmst du vor allem durch deine Position zum Motiv und nicht durch die Auswahl deiner Kamera. Stell dich auf die Zehenspitzen, klettere auf einen Tisch, oder lege dich auf den Boden und teste, wie sich deine Aufnahme verändert. Schau von oben, von unten und von der Seite auf deine Motive. Mache eine ganze Reihe von Fotos, und du wirst überrascht sein, wie viele Möglichkeiten dieselbe Szene bietet.

FOTOTIPP 3: HALTE DICH AN DIE DRITTELREGEL

Das Drittelraster ist eine einfache und schnell umsetzbare Hilfe für interessante Fotos.

Für das Drittelraster ordnest du drei Linien horizontal und vertikal über deiner Abbildung an. So ergibt sich ein Raster aus neun gleich großen Teilen, die dir verraten, wo du am besten deine wichtigen Bildelemente anordnest. Wenn du deine Motive entlang dieser wichtigen Bildlinien positionierst, machst du alles richtig.

MATERIAL

- ein beliebiges Foto, zum Beispiel das Foto von der Website zum Buch

Das Drittelraster ist ein so wichtiges Hilfsmittel für gute Fotos, dass jede Kamera und auch die meisten Smartphones dieses Raster anzeigen. Suche einfach nach dem Menüpunkt »Gitterlinien« in deinen Einstellungen. Danach kannst du bei jedem Bild diese Hilfslinien anwenden, um einen interessanten Bildausschnitt festzulegen.

Das Schaffoto wirkt deswegen so gelungen, weil der Kopf des Schafs genau zwischen allen Linien in der Mitte positioniert ist.

-> **Mein Tipp** <-

Das Drittelraster funktioniert nicht nur bei Fotos. Auch deine Zeichnungen, Illustrationen und Grafikdesigns profitieren von dieser Einteilung!

Schauen wir uns jetzt einmal an, wie du ein Foto mit der Drittelregel verbessern kannst. Denn manchmal hast du ein Foto, das dir eigentlich schon gut gefällt. Nur irgendwie stimmt der Ausschnitt noch nicht.

Und so geht es

1. Das Foto analysieren

Das Foto bringt schon ganz viel Stimmung und ein tolles Motiv mit.

Die Bildschärfe ist spannend gewählt, und die Zentralperspektive passt sehr gut zu den lachenden Kindern. Trotzdem erscheint der obere Bereich zu leer und die Kinder sind zu weit unten.

2. Das Drittelraster anwenden

Legst du das Drittelraster über das Foto, erkennst du, woran das liegt.

Der Horizont liegt nicht auf einer Linie, sondern genau in der Mitte des Fotos. Im oberen Drittel wird das Motiv gar nicht mehr gezeigt. Die Kinder sind vertikal gut auf den Linien angeordnet, jedoch nicht in der Horizontalen.

3. Das Foto verbessern
Das Foto gewinnt sehr, wenn du den Ausschnitt veränderst.

Jetzt ist das Raster so verkleinert, dass die Kinder genau auf den Linien positioniert sind. Im Mittelpunkt des Fotos stehen nun die Kinder. Der Ausschnitt ist aber verkleinert. Das lachende Gesicht des blonden Mädchens liegt dort, wo sich die vertikale und die horizontale Linie kreuzen. Der Horizont liegt auf Höhe der oberen horizontalen Linie.

4. Ergebnis
Die kleinen Anpassungen des Ausschnitts haben sich gelohnt!

So ist der Ausschnitt viel besser: Jetzt ist das Motiv optimal auf dem Foto dargestellt.

Fototipp 4: Gutes Licht für deine Fotos

Wenn du schon einmal dasselbe Motiv zu unterschiedlichen Tageszeiten fotografiert hast, dann weißt du, wie stark die Lichtverhältnisse deine Fotos beeinflussen.

> Licht ist für ein Foto wie die Farbe für eine Leinwand. Es bestimmt die Wirkung, die Farbtöne und welche Stimmung deine Bilder haben. Darum lohnt es sich immer, auf gutes Licht für deine Fotos zu achten.

Ein Waldweg, der normalerweise kaum ein interessantes Fotomotiv darstellt, kann in dem Moment, in dem das Sonnenlicht durch das Blätterdach bricht, spektakulär aussehen. Es lohnt sich für dich, ganz bewusst auf *außergewöhnliche Lichtverhältnisse* zu achten.

Sonnenauf- und Sonnenuntergänge, die Zeit der Dämmerung und auch Nachtaufnahmen bieten dir inspirierende natürliche Lichtverhältnisse für deine Fotos. Die Farbvielfalt ist beeindruckend und lässt deine Kreativität garantiert sprudeln.

Nur die grelle Mittagssonne solltest du nach Möglichkeit vermeiden, da die Farben auf deinen Fotos dann oft grell aussehen und die Schatten sehr hart sind.

© Mantas Hesthaven, Unsplash

© Michael Held, Unsplash

Wo Licht ist, da ist auch Schatten. Diesen kannst du ebenfalls nutzen, um dich zu besonderen und experimentellen Fotos inspirieren zu lassen. Wenn du mit Schatten spielst, entstehen ungewöhnliche Fotos, die oft einen künstlerischen Charakter haben.

Jetzt bist du dran

Die Lichtverhältnisse beeinflussen deine Fotos. Das Licht kann ganz weich und natürlich fallen oder hart von einer Lampe auf dein Motiv strahlen. Beides bietet dir viele Möglichkeiten, um inspirierende Fotos zu machen.

Auch die Tageszeit kannst du bei deinen Bildern mit einbeziehen. Stehe früh auf, oder warte abends, bis die Sonne untergeht, um vom selben Motiv verschiedene Fotografien zu machen.

© Keenan Constance, Unsplash

–> Tipp <–

Du kannst dir von der Technik bei schwierigen Lichtverhältnissen wie Nachtaufnahmen helfen lassen. Sowohl bei deiner Kamera als auch bei deinem Smartphone gibt es voreingestellte Filter und Motivmodi, die du als Unterstützung einstellen kannst, um deine Nachtaufnahmen zu verbessern.

© Ryan Hutton, unsplash.com

EINE STUNDE MIT DEINER KAMERA

ÜBUNG

Die Theorie über das Fotografieren zu kennen ist wichtig. Doch erst, wenn du die Tipps selbst ausprobierst, merkst du, was dir gefällt und gut zu deinen Fotoideen passt.

Um die vier Fototipps auszuprobieren, werden wir jetzt eine Übung machen, bei der du die vier Gestaltungstipps direkt testen kannst. Und das ist deine Aufgabe: Such dir ein Thema aus, und fotografiere eine Stunde lang alles, was du zu dem gleichen Thema findest. Hier sind ein paar Vorschläge:

→ alles, was rot ist
→ alles, was rund (oder eckig) ist
→ dein Haustier (oder ein bestimmter Gegenstand)
→ Blumen oder Pflanzen, die du gerne magst
→ ein besonderes Gebäude in deiner Stadt, wie das Rathaus

MATERIAL
- eine Idee
- deine Kamera oder ein Smartphone
- eine Uhr

© Pia Lahres

© Pia Lahres

Und so geht es

1. Das Thema
Lege ein Thema für deine Fotoserie fest, und stelle deinen Timer auf eine Stunde ein.

2. Das Motiv
Suche dir jetzt passende Motive aus, und beginne, sie nach den vier Gestaltungstipps zu untersuchen. Arbeite mit verschiedenen Tiefenschärfen (mit dem verschwommenen Hintergrund), verändere die Perspektiven, teste Ausschnitte, und spiele mit den Lichtverhältnissen. Denke beim Fotografieren auch an die Drittelregel oder stelle sie auf deinem Smartphone direkt ein.

3. Los geht's
Schieße viele, möglichst gut geplante Fotos, aber gucke sie dir jetzt noch nicht an. Sobald die Stunde vorbei ist, hörst du auf.

4. Fotos anschauen
Mach eine Pause, und gucke dir danach alle Fotos in Ruhe mit einem frischen Blick an. Freue dich über die schönen Fotos, die gerade entstanden sind!

★ Ausprobiert

Lene hat eine Blumen-Fotoserie im Garten gemacht, und das sind ihre Lieblingsfotos. Guck dir mal die Biene und all die vielen kleinen Details an, die man auf dem dritten Bild erkennen kann. Das ist ein gelungenes Makrofoto!

Smartphone-Aufnahmen leicht gemacht

> Dass Fotokameras viele Einstellungsmöglichkeiten haben, das weißt du. Aber hast du dir schon einmal die Zeit genommen, die Fotoeinstellungen deines Smartphones genauer anzugucken?

Hast du dir einmal überlegt, was du noch machen kannst, um mit deinem Smartphone bessere Fotos und Videos aufzunehmen? Denn dein Smartphone hast du in der Regel immer dabei, während du deine Kamera nicht regelmäßig in der Tasche trägst.

Tipp 1: Benutze beide Hände

Eine Fotokamera hältst du mit beiden Händen fest, um sicherzustellen, dass die Fotos nicht verwackelt sind. Deinem Smartphone-Foto solltest du die gleiche Aufmerksamkeit entgegenbringen. Nur so kannst du sicherstellen, dass der Bildausschnitt und die Motivauswahl auch deinen Vorstellungen entsprechen. Selbst in einer unruhigen Umgebung wie einer belebten Straße gelingt dir so deine Aufnahme.

© Jr Salinas, Unsplash

Tipp 2: Nimm dir Zeit für die Aufnahmen

Eigentlich sollte es ganz selbstverständlich sein, dass du dir auch bei Smartphone-Fotos genügend Zeit für die einzelnen Bilder und Videos nimmst. In der Praxis wird das Smartphone aber oft nur schnell gezückt und ein Bild geknipst. Leider sieht man den Bildern diese Eile dann auch an. Bitte gönne dir und der Aufnahme mehr Zeit.

→ Ist die Kamera sauber oder prangt noch ein Fingerabdruck mitten auf der Linse?
→ Ist der Horizont gerade?
→ Stimmt der Ausschnitt?
→ Hast du an das Drittelraster gedacht?

Es dauert nur einen Moment, diese Dinge zu überprüfen, aber es hat einen riesigen Einfluss auf die Qualität deiner Bilder.

bewusst fotografieren

Tipp 3: Finde heraus, was dein Smartphone alles kann

Auch dein Smartphone hat viele Extraeinstellungen, die über den normalen Automatikmodus hinausgehen. Gucke dir die Funktionen für Porträts, Nachtaufnahmen, Panorama oder Zeitlupenaufnahmen an. Teste, wie sich die Lichteinstellungen oder die Farbeinstellungen auf deine Bilder auswirken.

→ Was verändert sich, wenn du die Bilder im Nachhinein mit Filtern bearbeitest?

→ Wie sieht das gleiche Motiv aus, wenn du es in Schwarz-Weiß fotografierst?

Erst wenn du diese Funktionen kennst, kannst du sie auch nutzen und das Optimale aus deinen Smartphone-Aufnahmen herausholen.

coole Schwarz-Weiß-Aufnahme mit dem Smartphone

Tipp 4: Überlege dir vorher, was du später mit den Aufnahmen machen willst

Ob du ein Hochformat oder doch lieber eine Aufnahme im Querformat machst, hängt nicht nur vom Motiv ab. Wichtig ist auch, was du später mit dem Foto oder dem Video machen willst.

→ Für Instagram und Pinterest eignen sich Hochformate.

→ Bei Videoportalen wie YouTube benötigst du die Aufnahmen im Querformat.

Möchtest du die Fotos später vergrößern und als Poster oder auf Leinwand ausdrucken lassen, sollten die Bilder beispielsweise eine Pixelauflösung von 150 ppi (Pixel pro Inch) nicht unterschreiten. Wie schade wäre es, wenn du ein beeindruckendes Foto aufgenommen hast und das Poster unscharf verpixelt ist, nur weil du die Einstellungen nicht beachtet hast!

Du kannst diese Details alle vor den Aufnahmen an deinem Smartphone einstellen, so dass sie zu deinem Verwendungszweck passen.

–> Tipp <–

Je größer die Foto- oder Videodatei ist, die du aufgenommen hast, desto schneller ist der Speicher in deinem Smartphone voll. Auch dein Akku wird stark beansprucht, wenn du Aufnahmen machst. Trotzdem kannst du dein Smartphone auch für lange Fotoserien vorbereiten, wenn du deinen Speicherplatz mit einer zusätzlichen Speicherkarte erweiterst und einen mobile Zusatzakku (eine Powerbank) mitnimmst, um dein Smartphone zwischendurch wieder aufzuladen.

© Agefis, Unsplash

EINE SOCIAL-MEDIA-GRAFIK MIT DEINEN FOTOS

Deine schönen Fotos und Videos sind viel zu schade, um auf einer Festplatte ungesehen zu versauern. Zeig sie, und tausche deine besten Aufnahmen mit anderen Fotobegeisterten aus.

Dank Instagram, Pinterest und Co. kannst du deine Lieblingsdesigns unkompliziert mit der ganzen Welt teilen. Oder benutze deine Fotos als Grundlage für deine Ideen, und designe mit ihnen ganz neue Grafiken. Mit Designprogrammen wie Canva ist das viel leichter, als du vielleicht vermutest. Wie Canva funktioniert, hast du schon auf Seite 130 gelernt.

> **MATERIAL**
> - ein Foto
> - einen Computer oder ein Tablet
> - das Designprogramm Canva. Du findest meine Canva-Vorlage auch beim Download-Material zum Buch.

Und so geht es

Wir bauen schrittweise eine Social-Media-Grafik für Instagram in Canva auf. In jedem Arbeitsschritt zeige ich dir, wo du die nötigen Einstellungen findest.

1. Instagram Story anlegen
Canva bietet dir für viele Social-Media-Kanäle und Designformate bereits voreingestellt die richtigen eingestellten Arbeitsflächen an. Dazu wählst du auf der Startseite einfach den Button »Social Media« aus und suchst dir das gewünschte Format direkt aus der Übersicht aus.

In diesem Beispiel wird eine Grafik für eine Instagram Story gestaltet.

2. Foto hochladen und Größe der Arbeitsfläche einstellen

Dein Foto kannst du hochladen, indem du links im Menü auf den Button »Uploads« klickst und dann dein Foto auswählst. Hier kannst du auch alle weiteren Bilder, Videos oder Audiodateien hochladen, die du für dein Design benötigst. Du kannst meine Vorlage auch aus den Beispieldateien des Buchs herunterladen.

3. Foto einfügen und den Grundaufbau festlegen

Das Foto soll im geplanten Design im Mittelpunkt stehen, und es wird nur wenig Text geben. Die Farben sind eher zurückhaltend und dezent. Trotzdem soll die Grafik für die Instagram Story auf keinen Fall langweilig werden. Darum wird die Grafik besondere Effekte, wie Schatten, Papierelemente und sich überlagernde Elemente, bekommen. Der Look soll an ein gebasteltes und geklebtes Scrapbook erinnern.

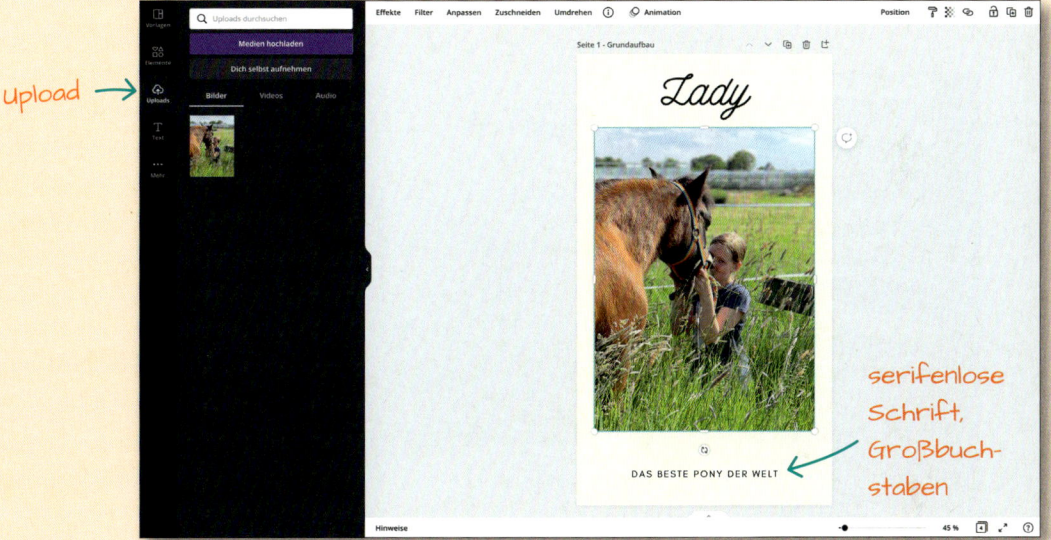

Das Foto wird als Blickfang mittig und sehr groß platziert. Die Überschrift kommt mit einer Schreibschrift über das Foto. Ein kurzer Satz unter dem Foto wird mittig gesetzt.

4. Schatteneffekte für das Foto

Wenn du ein Foto auf der Arbeitsfläche auswählst, blendet Canva über der Arbeitsfläche eine weitere Menüliste ein. Du kannst nun Effekte und Filter anwenden oder dein Bild zuschneiden und anpassen.

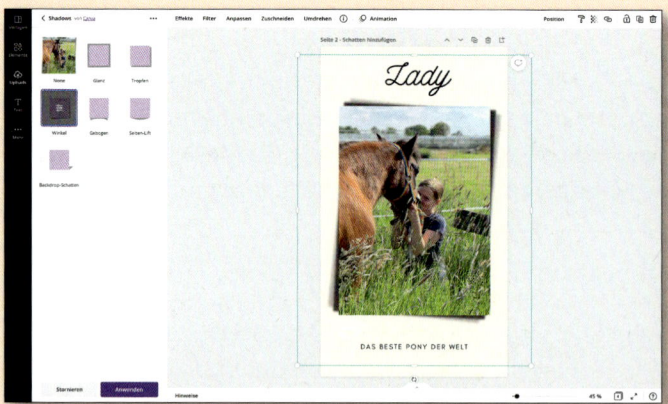

Ich habe mich für einen leicht verschobenen Schatten mit dem Namen »Winkel« entschieden. Diesen Effekt habe ich zweimal auf das Foto angewendet. Dadurch entsteht der doppelte Schatten unter dem Bild.

5. Grafikelemente einfügen

Canva hat eine riesige Auswahl an Fotos, Grafiken und Illustrationen, die du für deine Designs nutzen kannst. Du findest sie im linken Menü unter »Elemente«. Über die Suchmaske kannst du gezielt nach bestimmten Elementen suchen.

Elemente

Packpapier & Schnipsel

Papierstreifen aus Packpapier und Buchseitenschnipsel werden unter dem Foto platziert. Durch den Fotoschatten auf die Papierschnipsel bekommt die Grafik einen lebendigen und trotzdem ruhigen Look. Der geplante Scrapbook-Effekt ist entstanden. Der obere Teil der Grafik ist noch sehr leer, da dort nur die Überschrift steht. Darum werden die beiden Papierelemente noch einmal wiederholt und schieben sich über die linke obere Ecke. Eine kleine Illustration von einem Pferdekopf wertet den unteren Bereich der Grafik auf. Der Text rückt neben die Illustration nach rechts. Der Satz schließt bündig mit dem Foto ab.

6. Foto bearbeiten und an das Design anpassen
Der Hintergrund und die Grafikelemente ergeben einen tollen und einheitlichen Look für die Grafik. Das Foto erscheint jetzt aber zu grell und fügt sich noch nicht harmonisch in das Gesamtdesign ein. Das kannst du aber leicht nacharbeiten. Wähle dazu wieder das Bild aus, und lass dir die Menüleiste für die Bildbearbeitung anzeigen.

Unter »Filter« findest du eine große Auswahl an voreingestellten Optionen. Teste sie und entscheide, wann sich dein Foto in dein Design einfügt.

Der hier gewählte **Filter** *für das Foto heißt »Nordic«. Er hellt das Bild auf und reduziert die Sättigung in den Farben. Die voreingestellte Intensität für den Effekt liegt bei 50 %. Das ist zu stark für das Design. Darum reduziere ich den Filter auf nur noch 20 % Intensität.*

Die voreingestellten Filter gefallen dir nicht? Dann klicke auf »Anpassen«, und du kannst dein Foto manuell verändern. Passe die Helligkeit, den Kontrast oder die Sättigung so lange an, bis du mit dem Ergebnis zufrieden bist.

7. **Der Vorher-Nachher-Vergleich**
Der direkte Vergleich zeigt, wie verschieden die beiden Abbildungen sind, obwohl sie das gleiche Motiv zeigen. Das Foto ist gut gelungen und eine schöne Aufnahme. Es wirkt alleine durch den Aufbau und die Bildkomposition, erzählt jedoch nichts über die Hintergründe zum Motiv. Die Grafik hat es da viel leichter, weil sie zusätzlich zum Foto auch den Text und weitere Bildelemente nutzen kann. So kannst du viel schneller und schon auf einen Blick ausdrücken, worum es dir in der Social-Media-Grafik geht und welche Inhalte du mit deinen Freundinnen und Freunden teilen möchtest.

© Gudrun Wegener

Mit Effekten und spannenden Bildelementen ist es einfach, aus deinen Fotos kreative Social-Media-Grafiken zu designen!

Videos filmen

Videos sind dank Smartphone und Co. schnell aufgenommen und geteilt. Theoretisch zumindest. Denn in der Praxis ist es gar nicht so einfach, ein gutes Video zu drehen. Verwackelte Aufnahmen, schlechter Ton oder langweilige Inhalte führen dazu, dass ein Video nicht gerne geguckt wird.

Videos sind extrem beliebt. Egal ob Tutorials für Schulaufgaben, lustige Tierclips oder interessante Anleitungen: Mit Videos kannst du deine kreativen Ideen noch direkter zeigen als mit Fotos.

Die Qualität deiner Videos liegt aber nicht nur an deiner Kamera. Auch mit dem Smartphone kannst du beeindruckende Videos drehen, wenn du weißt, worauf du achten musst. Darum möchte ich dir jetzt sechs Tipps für dein nächstes Video mit auf den Weg geben.

Tipp 1: Dein Wissen über Fotografie hilft dir auch bei Videos

Viele Tipps, die du jetzt schon für deine Fotos nutzt, kannst du auch für deine Videos verwenden. Denn *interessante Bildausschnitte, ungewöhnliche Perspektiven und die Drittelregel* funktionieren genauso bei Videos. Das ist toll für dich, denn diese Dinge weißt du alle schon und kannst jetzt auf deinem Wissen aufbauen.

© Diego Cervo, Shutterstock

Tipp 2: Videos brauchen ein Drehbuch

Jedes Video erzählt eine Geschichte. Einfach anfangen, testen und mit der Kamera auf die Szene draufhalten, wie du es bei Fotos so gerne machst, funktioniert bei Videos nicht. Überlege dir, was du erzählen willst und in welchen Einzelschritten deine Geschichte am besten umgesetzt werden kann.

Ein Video ist bei genauer Betrachtung inhaltlich viel näher an einem Comic als an einem Foto. Darum kannst du jetzt auch wieder mit der Heldenreise von Seite 161 arbeiten, um deine Geschichte zu erzählen.

→ Wer ist die Hauptfigur?
→ Womit startet deine Story?
→ Wo, wie und warum beginnt die Handlung?
→ Welche Herausforderung hat die Hauptfigur zu bewältigen?
→ Wie überwindet die Hauptfigur das Problem?
→ Was passiert zum Schluss?

Keine Sorge, dein Drehbuch muss gar nicht riesig und umfangreich sein. Es kann auch ganz einfach sein, solange du weißt, was du wann filmen möchtest. Hier ein Beispiel für eine Videoanleitung:

→ Anfang: »Hi, ich bin Jessy. Wir sind hier in meiner Küche, und ich möchte dir heute zeigen, wie du ganz leicht leckere Pancakes mit Blaubeeren backst.«

→ Mittelteil: »Für das Rezept brauchst du diese Zutaten. ... So rührst du den Teig an. ... Aber Vorsicht, denn du musst darauf achten, dass ...«

→ Ende: »Wenn du die Pancakes fertig ausgebacken hast, richtest du sie übereinander an, streichst Ahornsirup zwischen die Schichten und dekorierst sie mit den Blaubeeren.«

© Adam Bartoszewicz, Unsplash

Tipp 3: Denk an deine Umgebung

Neben deinem Drehbuch musst du auch deine Umgebung für den Videodreh vorbereiten. Wo willst du das Video aufnehmen? Drinnen oder draußen? Was machst du, wenn es regnet? Bauen deine Eltern im Nebenzimmer gerade einen Schrank auf, und du hast ständig Nebengeräusche, die deine Aufnahmen stören? Diese Details musst du bedenken und für deinen Videodreh mit einplanen.

Tipp 4: Videos brauchen eine andere Ausrüstung als Fotos

Verwackelte Videoaufnahmen sind ärgerlich und störend. Gleichzeitig ist es schwer, eine Kamera über die ganze Videodauer still zu halten. Viel besser ist es da, wenn du dein Video mit einem Stativ aufnimmst.

Wenn du häufig Videos aufnimmst und dir die professionelle Umsetzung deiner Videos wichtig ist, lohnen sich auch weitere Anschaffungen. Für eine gute Beleuchtung brauchst du unter Umständen zusätzliche Lampen, um deine Szene besser auszuleuchten. Ein kleines Ansteckmikrofon verbessert den Ton deiner Aufnahmen.

–> Tipp <–

Du hast kein Stativ, willst aber trotzdem eine ruhige und professionelle Aufnahme? Statt eines Stativs kannst du auch einen Bücherstapel aufbauen oder einen Stuhl auf den Tisch stellen, um deine Kamera in der passenden Höhe abzustellen. Das kostet dich zwar mehr Zeit und Vorbereitung, funktioniert aber ganz ohne Extrazubehör.

Tipp 5: Hoch- oder Querformat?

Überlege dir unbedingt vor dem Videodreh, wie du das Video später weiterverwenden möchtest. Grundsätzlich werden Videos nämlich im Querformat gedreht. So lassen sie sich später optimal am Bildschirm oder Fernseher anschauen. Videoplattformen wie YouTube sind genau aus diesem Grund im Querformat eingerichtet. Die einzige Ausnahme sind einige Apps wie Instagram oder Pinterest, bei denen das Hochformat viel besser funktioniert. Darum musst du schon vor dem Start wissen, wo das Video später gezeigt werden soll und ob du ein Hoch- oder ein Querformat brauchst.

Tipp 6: Zwischen Szenen wechseln

Je länger ein Video wird, desto höher ist die Wahrscheinlichkeit, dass dein Video aus mehreren Einzelsequenzen besteht. Eben saß die Hauptfigur noch links auf dem Sofa, und eine Sekunde später ist sie in der Mitte. Das sieht merkwürdig aus, wenn sich die Hauptfigur mitten im Satz plötzlich verändert. Aber wie verbindest du verschiedene Einzelszenen später zu einem gemeinsamen Video?

Am leichtesten geht das, wenn du dir angewöhnst, jede Sequenz mit einem neutralen Bild oder Gegenstand zu beenden. Filmst du zum Beispiel deine Freundin, wie sie ihre Geburtstagsgeschenke auspackt, dann schwenkst du am Ende der Szene auf den Geburtstagskuchen. Die neue Szene kann dann überall beginnen, ohne dass du einen komischen oder unsauberen Übergang bekommst.

© Artem Varnitsin, Shutterstock

DREH DEIN EIGENES VIDEO

ÜBUNG

Jetzt kann es losgehen: Mach aus deinen Ideen ein kreatives Video und zeig uns deine Welt.

MATERIAL
- dein Smartphone

Und so geht es

Mit Videos kannst du viel einfacher eine ganze Geschichte erzählen als mit Fotos. Schon ein kurzer Videoclip über eine Minute reicht aus, um ein Rezept zu erklären, deine Modeideen zu zeigen oder eine berühmte Person deiner Stadt vorzustellen.

1. Dein Thema
Überlege also dein Thema. Worüber möchtest du einen Film drehen? Was findest du spannend?

2. Der Einsatzzweck
Wofür willst du dein Video einsetzen? Willst du es im Quer- oder im Hochformat nutzen? Bei Video-Plattformen wie YouTube brauchst du ein Querformat. Für eine Instagram Story ist ein Hochformat viel besser geeignet. Überlege dir darum schon vor dem Videodreh, wo du das Video später einsetzen möchtest.

3. Die Story
Nun kannst du mit der *Planung* für deinen Videodreh beginnen. Überlege dir eine Story und in welchen Schritten du deine Geschichte aufbauen möchtest:
→ Wie willst du beginnen? Wer ist die Hauptfigur?
→ Was sind die wichtigsten Fakten, die du deinem Zuschauer zeigen willst? (Mittelteil)
→ Mit welchen Informationen oder Inhalten möchtest du dein Video beenden?

4. Los geht's
Und dann hab Spaß bei den Dreharbeiten. Schnapp dir deinen besten Freund, oder lade eine Freundin ein, um gemeinsam an dem Video zu arbeiten. Probiere verschiedene Szenen aus, verändere deinen Standort, und finde heraus, welche Einstellungen dir für dein Video gefallen. Mach aus deinen tollen Ideen ein kreatives Video!

Stichwortverzeichnis

A

Abpausen 042
Abzeichnen 051
Accessoires 184
Acrylfarben 022
Affinity Photo 024
Anordnung 113
Apps 024
Aquarellfarben 022
Arme 170
Augen 179

B

Banner 099
Bauchnabel 170
Beine 170
Belichtungszeit 194
Beobachten 040
Bildausschnitt 151
Blätter 083
Bleistifte 020
Blende 193
Blickfang 111, 133
Blüten 083
Bösewichte 156
Brushlettering 078
Brushpen 021, 078, 080
Buchstaben
  Ende 077
  Muster 076
  zeichnen 068

Bullet Journal 088
  anlegen 092
  digitales 104
  Einsatz 090
  Elemente 099
  Inhalte 093
  Lernhilfe 101
  Material 094
  Symbole 097
  Übersicht 094
  Vorlage für digitales 104
Buntstifte 020, 053

C

Canva 026, 130, 210
Checklisten 100
Collage 067
Comic 146
  Bildabfolge 151
  Bildausschnitt 151
  Detailaufnahme 151
  Farbe 155
  Figuren 156
  Grundlagen 148
  Schrift 153
  Skizze 149, 150
  spannender machen 150
  Story 149, 161
  Text 153
  Zeichnung 152

D

Design
  Symmetrie 113
Designsoftware 024
Details 053
Digitales Bullet Journal 104
Doppelkomplementärer Kontrast 048
Drehbuch 216
Dreidimensional 037
Dreieck 032
Drittelregel 200

E

Ebenen 051
Einfarbig 049
Einladungskarte 084

F

Fähnchen 071
Fantasiefigur 159
Farbauswahl 119, 122
  digitale 121
Farbe 044, 118, 155
  aus Foto 120
  kalt oder warm 122, 124
  mischen 044
  wählen 046, 056
  Wirkung 118

Farbrad 044
Farbwirkung 123
Faux Calligraphy 072
Fell 042
Fellform 041
Figur 156, 168
   Grundformen 158
   Kleidung 158
   zeichnen 040
Filzstifte 021
Fineliner 020, 054
Fluchtpunkt 058
Flyer 110, 130
   Farbe 119
Formen 066
Foto 192
   Hintergrund verschwommen 193
Fotoausstattung 192
Fotografieren 192
   Drittelregel 200
   Licht 203
   Perspektive 197
Frakturschriften 129
Freie Muster 036
Frisuren 180
Froschperspektive 061, 198

G

Gesichter 179
   zeichnen 179

Gestaltung 110
Gestaltungsraster 137, 138
   Spalten 141
Gestaltungstipps 110
Gouache 022
Grafikdesign 108
   Farbe 118
Großbuchstaben 069
Grundfarben 044
Grundformen 032, 035, 041, 055
Grundlinie 073

H

Haare 158, 182
Habit-Tracker 093
Hals 170
Handlettering 062
   Aufwärmen 066
   Handhaltung 065
   Muster 066
   Name 071
   Stifte 064
Handschriften 128
Hauptfarbe 121
Helden 156
Heldenreise 161
Highlights 020
Holz 023
Horizont 059
Hüfte 170

I

Illustration 133
Instagram 209, 210
ISO 194

J

Jeanshose 178

K

Kakteen 083
Kalte Farben 122
Kamera 025
   Funktion 193
Kariert 177
Karte 067
Kartoffelhände 157
Katze 032
Kleidung 175
Kleinbuchstaben 069, 077
Knallig 046
Knöpfe 178
Knopfleisten 174
Kollektion 187
Kolorieren 155
Komplementärkontrast 046, 056
Kontrast 046
Kopf 170, 179
Körper 172
Körperlänge 170

Körperproportionen 169
Krakelvögel 031
Kreis 032
Kreuzschraffur 036
Kugel 037
Kugelschreiber 021

L

Layout 137
  Software 139
Leinwände 023
Lernen 101
Licht 038, 203
Lichteffekt 053
Lichtempfindlichkeit 194
Linie 032, 070, 082, 099
Linienzeichnung 124
Logo
  zeichnen 055

M

Malen 028
Marker 021
Material 022
Minen 020
Mischfarben 044
Mittellinie 073
Modedesign 166
  Ideen sammeln 168
  Thema 187
Modeskizzen 173
Monatsübersicht 094
Monochrom 049

Monster 160
Moodboard 018
Mood-Checker 093
Motiv 195
Mund 179
Muster 036, 037, 066
Musterblatt 067

N

Nachtaufnahmen 203
Nah und fern 111
Namensschilder 071
Nase 179
Normalperspektive 061
Notizen 034

O

Oberfläche 037
Oberlinie 073
Objektiv 194
Ohren 179
Outline 020, 036, 041, 054, 056

P

Panel 149
Papier 023
Pappe 023
Perspektive 058, 197
Pfeile 082
Pflanzen 083
Photoshop 024

Pinterest 025, 209, 210
Plakat 110, 114
Primärfarben 044
Procreate 026, 039
  Ebenen 051
  Pinselsammlung 079
Punkt 032
Pünktchenraster 092

R

Rahmen 082, 099
Ränder 140
Rechteck 032
Reißverschlüsse 174, 178

S

Schatten 038, 076
Schattenflächen 053
Scheitel 182
Schmuck 184
Schmuckelemente 082
Schmuckschriften 128
Schraffuren 036, 042
Schreibschriften 128, 154
Schrift 126
  auffällige 128
  elegante 127
  historische 154
  moderne 127
  verzieren 076
Schriftwahl 126
  Comic 153
Schuhe 185

Schülerzeitung 138
Schultern 170
Schwerkraft 175
Scrapbook-Effekt 212
Sekundärfarben 044
Serifenlose Schriften 127
Serifenschriften 077, 126, 154
Sketchbook 027
Skizzenbuch 168
Smartphone 025
Smileys 097
Social-Media-Grafik 210
Sonnenuntergänge 203
Spannung 113, 151
Sprechblase 134, 153, 161
Stimmung 122, 155
Stoff 023, 175, 176
Stoffart 175
Stoffmuster 177
Story 161
Strichdicke 070
Striche 099
Strichmännchen 157
Strichstärke 079
Struktur 036
Symbole 034, 097

T

Tabellen 100
Tablet 130
Taille 170
Teilkomplementärer Kontrast 047
Tertiärfarben 045
Texte
 Aufteilung 110
Textilstifte 043
Tiefe 042
Tiefenschärfe 193
Tier
 malen 050
Ton 023
Trennelemente 082
Trenner 099
Triade 047
T-Shirt 043

U

Überschrift 111
Übersichten 100
Umgebung 042
Umrandungen 020
Umrisslinie 036
Untere Hüfte 170
Untergrund 023

V

Verlauf 037
Versallinie 073
Verschlusszeit 194
Verzierungen 076, 135
Video 215
 Ausrüstung 217
 Hoch- oder Querformat 218

Vogelperspektive 061, 197
Vorlage 051, 055
Vorzeichnung 051

W

Warme Farben 122
Washi-Tape 023
Wasserfarben 022, 050, 052
Weißraum 143
Wirbelsäule 174
Wirkung 122
Wochenübersicht 094

Y

YouTube 209

Z

Zahlen 069
Zeichnen 028
 Frisuren 180
 Gesichter 179
Zeitung 110, 138
Zentralperspektive 058, 198
Zierschriften 128
Zusatzfarbe 121
Zusatzmaterial 023

Wir hoffen, dass du Freude an diesem Buch hast und sich deine Erwartungen erfüllen. Deine Anregungen und Kommentare sind uns jederzeit willkommen. Bitte bewerte doch das Buch auf unserer Website unter **www.rheinwerk-verlag.de/feedback**.

An diesem Buch haben viele mitgewirkt, insbesondere:

Lektorat Ruth Lahres
Korrektorat Petra Bromand, Düsseldorf
Herstellung Janne Brönner
Typografie und Layout Christine Netzker
Einbandgestaltung Mai Loan Nguyen Duy
Coverfoto Unsplash: Abin Varghese, okeykat, Daria Tumanova
Satz Janne Brönner, Christine Netzker
Druck Firmengruppe Appl, Wemding

Dieses Buch wurde gesetzt aus der TheSansOsF (10 pt/13,5 pt) in Adobe InDesign. Gedruckt wurde es auf mattgestrichenem Bilderdruckpapier (115 g/m²). Hergestellt in Deutschland.

Das vorliegende Werk ist in all seinen Teilen urheberrechtlich geschützt. Alle Rechte vorbehalten, insbesondere das Recht der Übersetzung, des Vortrags, der Reproduktion, der Vervielfältigung auf fotomechanischen oder anderen Wegen und der Speicherung in elektronischen Medien.

Ungeachtet der Sorgfalt, die auf die Erstellung von Text, Abbildungen und Programmen verwendet wurde, können weder Verlag noch Autorin für mögliche Fehler und deren Folgen eine juristische Verantwortung oder irgendeine Haftung übernehmen.

Die in diesem Werk wiedergegebenen Gebrauchsnamen, Handelsnamen, Warenbezeichnungen usw. können auch ohne besondere Kennzeichnung Marken sein und als solche den gesetzlichen Bestimmungen unterliegen.

Bibliografische Information der Deutschen Nationalbibliothek:
Die Deutsche Nationalbibliothek verzeichnet diese Publikation in der Deutschen Nationalbibliografie; detaillierte bibliografische Daten sind im Internet über *http://dnb.dnb.de* abrufbar.

ISBN 978-3-8362-7782-2

1. Auflage 2022
© Rheinwerk Verlag, Bonn 2022

Informationen zu unserem Verlag und Kontaktmöglichkeiten findest du auf unserer Verlagswebsite **www.rheinwerk-verlag.de**. Dort kannst du dich auch umfassend über unser aktuelles Programm informieren und unsere Bücher und E-Books bestellen.